ÉDUCATION FINANCIÈRE ET INVESTISSEMENT EN BOURSE EN AFRIQUE

APPRENDRE A DEVENIR RICHE GRACE AUX MARCHES FINANCIERS : EXEMPLE DE LA BRVM

Bénin, Burkina Faso, Côte d'Ivoire, Guinée Bissau, Mali, Niger, Togo et Sénégal

Pour contacter l'auteur :

+221772495427

samboury@yahoo.fr

Samboury KA

ÉDUCATION FINANCIÈRE ET INVESTISSEMENT EN BOURSE EN AFRIQUE

APPRENDRE A DEVENIR RICHE GRACE AUX MARCHES FINANCIERS : EXEMPLE DE LA BRVM

Bénin, Burkina Faso, Côte d'Ivoire, Guinée Bissau, Mali, Niger, Togo et Sénégal

L'Harmattan
Sénégal

10 VDN, Sicap Amitié 3, Lotissement Cité Police, DAKAR

http://www.harmattansenegal.com
senharmattan@gmail.com
senlibrairie@gmail.com

ISBN : 978-2-343-22265-3
EAN : 9782343222653

REMERCIEMENTS

Je rends grâce à Dieu qui m'a donné la santé, le temps et l'inspiration pour entreprendre et réaliser cette toute petite œuvre.

Je prie indéfiniment sur son prophète Mohammed (PSL).

Je remercie mes parents, mes amis et tous mes camarades de promotion des Écoles et de l'Université Cheikh Anta Diop de Dakar.

Je remercie tout le personnel actif comme retraité de la Direction générale des Impôts et des Domaines (DGID) et particulièrement mes collègues de la Division du Recouvrement de la DGE.

Je remercie l'Amicale des Contrôleurs des Impôts et des Domaines (ACONIDS).

Je remercie mon Coach ROBERT KIYOSAKI pour l'inspiration.

Je remercie Monsieur ADAMA WADE pour la lecture, la préface et les encouragements.

Je remercie mes lecteurs et lectrices et vous encourage à lire ce livre qui est simplement le fruit de ma lecture de « Père riche, père pauvre » de Robert Kiyosaki.

DÉDICACE

À mon regretté Papa, El Hadji Fary Coumboyo KA

À ma Maman, Aminata Guédado KA

À mon oncle, Dr Daouda Ardo Sassy SOW

À mes charmantes épouses : Kowry SOW et Marème SENE

À mes frères et sœurs

À mes enfants

À toute la population du Djoloff, au Sénégal et à toute l'Afrique

À Feu GABRIEL FALL, visionnaire et financier émérite, pour sa déterminante contribution à la création et au développement de la bourse au Sénégal et dans l'UEMOA.

PRÉFACE

Dans nos univers francophones trop convenus, la richesse est taboue. À l'école, l'on nous apprend à devenir des enseignants, des médecins, des pilotes d'avion, des géomètres, des avocats, des philosophes... Mais jamais comment devenir riche. Ou, pour parler plus prosaïquement, l'on nous apprend bien comment gagner de l'argent, « à la sueur de notre front », comme on le dit en bon wolof, mossi ou peul, mais jamais comment fructifier cet argent. L'on a lu, enfants, la fable de la cigale et de la fourmi avec comme moralité « le travail rémunérateur et protecteur contre les rigueurs de l'hiver ».

Personne n'est passé après la Fontaine pour dire comment fructifier le fruit du travail.

Les Américains, peuple qui montre plus de dispositions au commerce et aux affaires, comme le disait Tocqueville dans « De la démocratie en Amérique » se demandent si la fourmi n'augmenterait pas son aisance financière en plaçant ses économies en Bourse. Peut-être, la cigale s'y retrouverait aussi puisqu'au Nigéria. Nollywood, le secteur de l'industrie de la musique, du cinéma et du divertissement, a dégagé 4,5 milliards de dollars en 2018.

Bref, notre système éducatif s'arrête à la fable de la courageuse fourmi.

Dans les civilisations africaines en général et sahéliennes en particulier, la thésaurisation est un réflexe. L'argent est « caché », soustrait de l'économie, pour dormir des années durant afin, dit la sagesse populaire, de faire face aux inévitables périodes de vaches maigres qui suivront toujours, selon le rêve biblique de Joseph, celle des vaches grasses.

C'est en bon héritier de cette sagesse populaire africaine doublé de la qualité de lauréat du système éducatif de l'Afrique francophone que Samboury Ka, au cours d'un séjour au Maroc, fait une rencontre décisive qui changera sa vie en lui ouvrant de nouveaux horizons et en remettant en équation l'idée selon laquelle « il faut travailler plus, pour gagner plus ».

En fait, l'on peut certainement gagner plus avec le fruit de son travail. Mais il n'en est pas moins certain que « devenir riche, cela s'apprend ». Voilà la révélation subliminale qui traversa l'auteur au milieu de la ville de Rabat à la faveur d'une rencontre inédite avec un des éminents représentants de l'école américaine moderne, celle du développement personnel, celle que nos académiciens francophones, trop occupés à calculer la moyenne du tout à sa partie, traitent de charlatans.

Plus que les rites initiatiques de l'Afrique profonde, qui apprennent à être et non à avoir, plus que l'école francophone, qui t'apprend à devenir pilote ou médecin, l'école américaine semble épouser les contours du pragmatisme en faisant de l'avoir une condition essentielle pour la réalisation de soi. Le mentor qui deviendra le guide de l'auteur lui a fait entrevoir de nouvelles possibilités en lui révélant que « devenir riche n'est pas sorcier ». Il suffit de suivre un chemin déjà balisé par nos devanciers, et qui passe par la Bourse.

La Bourse ? Voilà une nouvelle révélation pour l'auteur qui, quoique financier, n'avait qu'une connaissance vague de cette Corbeille que le Général de Gaulle ne voulait pas laisser gouverner les destinées de la France.

Cet instrument fondamental dans le financement de l'économie est très peu connu au Sénégal et en Afrique, y compris au sein des élites. C'est ce qu'apprendra l'auteur, qui, revenu au Sénégal, se rend compte du peu de culture financière au pays de Senghor. Ce livre est donc une véritable initiation à la Bourse, à ses techniques et à ses immenses possibilités. Le réflexe premier de tout Africain, celui d'investir dans la pierre, « placement le plus sûr », mériterait d'être soumis à l'analyse, comparativement aux différents compartiments de placements offerts par la Bourse. Les ménages et les États gagneraient à connaître ces techniques boursières — et c'est ce à quoi s'attèle Samboury Ka tout au long de ce passionnant ouvrage — qui vous permettent de placer, épargner, conserver, les fruits de votre labeur, vos excédents, dans des instruments valorisants.

L'absence d'une culture boursière minimale et la méconnaissance du vaste marché financier mondial privent les ménages et les États d'importantes possibilités de fructifications et les exposent aux aléas des crises répétitives. D'autre part, le parti pris des compagnies d'assurance pour les DAT faiblement rémunérés et l'orientation des fonds de la diaspora vers les comptes d'épargne ou la pierre montrent cette faible connaissance de la culture boursière. Or, aujourd'hui, la connaissance de ces instruments financiers, des Bourses des valeurs mobilières, au Forex et, nouvellement, aux crypto monnaie sont indispensables.

En Afrique de l'Ouest, l'avènement de la Bourse en ligne, effectif depuis septembre 2020, a éliminé plusieurs barrières entre l'épargnant et le marché. L'on peut désormais spéculer depuis son téléphone, à condition de prendre le temps d'acquérir le minimum d'informations nécessaires pour boursicoter sans efforts. À la sortie de ce livre capital, l'une des leçons qui s'imposent est la suivante : pas besoin d'être bardé de diplômes pour comprendre la Bourse. Sous ses dehors libéraux, la Corbeille est l'instrument financier le plus social et le plus démocratique.

Adama Wade

Auteur et Directeur de Publication de Financial Afrik

PREMIERE PARTIE :

APPRENDRE A DEVENIR RICHE

Chapitre 1

Les découvertes inattendues

L'alternance entre la joie et la peine, le calme et le chaos, le jour et la nuit, l'espoir et la peur… rythme le cours de nos vies. Et pourtant aussi difficile et précaire qu'elle soit, nous aimons la vie, nous souhaitons toujours vivre encore un peu plus longtemps, nous prions pour des lendemains meilleurs. Nous travaillons et prions pour que demain soit meilleur et plus prospère qu'aujourd'hui. En effet, c'est l'espoir du lendemain qui entretient l'amour pour la vie.

Le destin peut nous faire naître dans une case de santé au fin fond d'un village africain et nous retrouver quarante ans plus tard chirurgien dans un hôpital parisien ou américain.

Naître dans le coin le plus reculé et le plus précaire en Afrique ne nous empêche pas de devenir pilote d'un Boeing 787 Dreamliner ou d'un Airbus A 320 Neo dans les plus grandes compagnies aériennes, à Emirates, à Air France ou à Ethiopian Airlines.

Des terrains de football de fortune de Bambaly[1] au mythique stade d'Anfield de Liverpool en Angleterre, le chemin fut long certes et improbable, mais le rendez-vous n'a pas été manqué pour Sadio Mané.

---

[1] Village d'origine du célèbre attaquant de Liverpool Sadio Mané, situé au sud du Sénégal en Casamance.

L'inverse est aussi possible, on peut naître à Manhattan, à Paris à Sydney et finir sa vie dans la savane africaine, dans les townships d'Afrique du Sud ou dans le fin fond de l'Inde.

Vivre, c'est découvrir, apprendre, comprendre et quelquefois aussi se perdre. La vie nous fait prendre les chemins les plus improbables, mais souvent les plus fructueux et ce fut mon cas avec la découverte de la bourse.

I. La Maladie

Ma petite histoire avec la bourse, aussi surprenante que cela puisse paraître, commence avec la maladie de mon dernier enfant Ahmadou Ngadiel.

Un mois après sa naissance, il a commencé à manifester les signes d'une fébrilité qui cachait une affection que nous ignorions encore. Donc la joie suscitée par sa naissance a été suivie par une inquiétude, puis une peur indescriptible pour les parents que nous sommes. En effet, après sa naissance il ne dormait pas beaucoup, surtout la nuit, il ne prenait plus de poids comme les bébés le font juste après la naissance et il n'était pas très friand du lait maternel. Il tétait peu.

Sa maman et moi avions fait le tour de quelques cabinets médicaux et de cliniques de Dakar, à la recherche de pédiatres de renommée, avant que l'un d'eux, le jeune Docteur Amadou SOW de la clinique Pasteur ne soupçonnât une malformation cardiaque. Ainsi, il nous prescrivit de lui faire une échographie du cœur à l'hôpital d'enfants Albert Royer de Fann[2] pour vérifier ses soupçons.

[2] Centre hospitalier universitaire de Fann, hôpital situé dans le quartier de Fann à Dakar.

L'échographie fut réalisée à l'Hôpital Fann, plus précisément au centre pour enfants CUEMO[3], que je découvrais pour la première fois, découverte qui m'a beaucoup marqué car j'y ai tout de suite observé que la mal formation cardiaque infantile était un fléau au Sénégal. Et j'ai appris, plus tard à Radio France Internationale (RFI), aussi que c'est le même cas dans la sous-région ouest-africaine où les patients sur liste d'attente d'une évacuation sanitaire à l'étranger se comptent par milliers. En effet, sur place au fil des rendez – vous, nous côtoyâmes un nombre important de jeunes enfants qui souffraient tous de problèmes du cœur. La familiarité du personnel soignant avec certains malades renseignait que ces derniers fréquentent ce lieu depuis longtemps. L'affluence des malades était plus importante surtout quand les missions humanitaires de certaines ONG évoluant dans le mécénat de la chirurgie cardiaque étaient de passage à l'hôpital, car l'occasion de bénéficier d'une prise en charge ou d'une proposition d'évacuation à l'étranger était plus grande pour les nombreux malades. Et c'est surprenant que ce problème lié aux nombreuses malformations cardiaques des enfants ne soit pas abordé par la presse nationale qui s'intéresse plus à la politique qu'au problème de santé publique.

L'échographie du cœur qui a été réalisée dans ce centre médical pour enfants confirma les soupçons du Dr Amadou SOW et révéla une malformation cardiaque de « type D – TGV avec une petite CIV… »[4]

[3] Centre cardio-pédiatrique créé en 2016 par La Chaine de l'espoir et ses partenaires : la fondation Cuomo et le CHNU de Fann.

[4] Terme médical pour désigner une transposition des gros vaisseaux sanguins ou discordance ventriculo artérielle. C'est une malformation cardiaque. (Wikipédia)

Dans le résumé médical des docteurs Lèye et Kaya cardiologues au centre CUEMO, il était écrit : « cette prise en charge nécessite une évacuation à l'étranger ».

Ils nous informèrent qu'il y a des missions humanitaires européennes et certaines ONG[5] comme Terre des hommes, Chaine de l'espoir, Mécénat chirurgie cardiaque qui prennent en charge de tels cas. Alors commencèrent les démarches auprès desdites organisations et de toutes les connaissances pour évacuer cet enfant qui souffrait en silence le plus rapidement possible à l'étranger, peu importe la destination que ce soit en Europe, aux USA, en Inde, à Cuba ; l'essentiel était qu'il parte dès lors qu'on ne pouvait pas le prendre en charge sur place.

Des recherches sur le NET aussi m'ont permis d'en apprendre davantage sur la malformation cardiaque et des nombreuses offres de prises en charge publiques et privées de cette affection à travers le monde, notamment en Afrique du Nord, en Europe et même en Inde.

Avant de parler de l'aboutissement des démarches, je voudrais revenir d'abord sur le système de santé publique au Sénégal, ou sur une partie de ce système, ensuite sur l'amour de la mère pour son enfant et enfin terminer par l'amour des enfants pour leurs parents.

Sur le système de santé au Sénégal, ma conviction est que, quel que soit le pays, l'accès et la prise en charge médicale doivent être garantis à tous les citoyens de façon égalitaire et équitable. Maintenant, il reviendra à l'État de trouver les moyens de financer cette « gratuité » grâce à l'impôt,

---

[5] Terme pour désigner les organisations non gouvernementales ou associations caritatives dans le monde.

notamment aux taxes parafiscales, aux compagnies d'assurances, au mécénat et à la coopération. En effet, la santé reste une « industrie » capable de générer les ressources nécessaires à son fonctionnement et à son développement. Le système de santé publique au Sénégal, tel qu'il fonctionne crée, beaucoup de disparités entre une minorité (employés de l'État, de ses démembrements et de certaines entreprises privées) qui ont une prise en charge médicale et la majorité de la population qui, en plus d'être pauvre car n'ayant pas de revenus réguliers, ne bénéficie presque d'aucune couverture médicale de qualité. Or les maladies qui sont de plus en plus nombreuses et coûteuses, en termes de prise en charge, affectent tout le monde indistinctement et entrainent des dépenses, quelquefois insupportables pour presque toute la population, surtout qu'au Sénégal la prise en charge des frais médicaux incombe à toute la famille au sens large. En effet, la maladie est souvent le prétexte pour la famille africaine, de manifester sa solidarité et sa compassion au malade et à sa famille.

La maladie est l'un des événements qui permettent le mieux de jauger l'amour qu'une mère voue à son enfant. Les féministes doivent revoir leurs prétentions à la hausse. En effet, pour une femme, devenir « l'égal de l'homme » serait plutôt un recul car la femme est, en général, plus importante que l'homme, dans la société et surtout dans la famille. Beaucoup d'enfants vivent sans leur père, mais une mère, biologique ou d'adoption, est toujours nécessaire, indispensable à la survie et à l'épanouissement d'un bébé. En effet, la femme endure la grossesse, la souffrance de l'accouchement, les insomnies qui suivent l'accouchement, les caprices des enfants tout au long de leur processus de maturation.

Si, par malheur, une maladie congénitale ou n'importe quelle autre affection touche l'enfant, alors là apparaissent le vrai amour, toute la sollicitude et toute l'endurance dont une mère peut faire preuve pour accompagner son enfant. Évidemment les mamans des enfants malades ou souffrants de handicaps me comprendront et c'est le lieu de leur rendre, à travers ces lignes, un vibrant hommage bien mérité pour avoir porté, couvé, protégé, surveillé et éduqué leurs enfants jusqu'à ce qu'ils puissent se prendre en charge. Pour avoir connu et fréquenté des personnes fortement handicapées et qui pourtant ont pu malgré ce handicap réussir dans la vie professionnelle en devenant de hauts cadres de l'Administration publique ou dans le privé, je mesure alors le formidable soutien et l'endurance dont leur entourage, notamment leur maman, a eu à faire montre tout au long de leur parcours.

C'est le lieu, sans attendre la fête des Mères, de leur rendre encore un vibrant hommage et de leur dire MERCI mamans. Et le terme *maman* en Afrique ne désigne pas seulement la mère biologique, c'est aussi la grand-mère, la tante, la sœur voire l'amie de la famille qui a en charge l'éducation de l'enfant.

En retour, les enfants restent indéfiniment redevables à leurs parents, mais surtout à leurs mamans. Et les Occidentaux gagneraient à s'inspirer de ce modèle social africain. En effet, en Afrique les parents ou ascendants ne sont pas considérés comme un fardeau, mais plutôt comme une source de bénédiction pour leurs enfants. Ainsi, au Sénégal et dans certains pays africains encore, les enfants, une fois adultes, rivalisent dans l'entretien de leurs parents, à travers une prise en charge totale de leurs besoins. Et cela se traduit par la reconstruction de la maison familiale, la prise en charge alimentaire et médicale des parents, des billets offerts pour le pèlerinage aux lieux saints de l'Islam ou de la Chrétienté, etc.

Je les félicite et les encourage dans cet élan d'affection et de solidarité envers leurs ascendants, même si l'enfant doit savoir que, quoi qu'il fasse, il ne pourra jamais rétribuer les sacrifices de ses parents surtout ceux de sa Maman à son égard. C'est pourquoi le plus grand service qu'un enfant puisse rendre à ses parents, c'est de leur témoigner du respect et de l'amour en toutes circonstances.

Pour en revenir à la maladie de mon enfant, après des démarches infructueuses auprès des ONG et des missions médicales de passage au centre CUEMO dont les listes d'attente étaient déjà longues, l'espoir nous est venu du centre médico-social des fonctionnaires[6]. En effet, dans mes démarches, je me suis souvenu d'un ami d'enfance qui est cardiologue et qui servait audit centre, il s'agit du Dr Mounir DIA. Alors je lui ai téléphoné et lui ai parlé de la maladie de mon enfant et des démarches déjà entreprises. Il m'a demandé de lui envoyer le résumé médical. Ce que je fis aussitôt après via Whatsapp. Il me rappela et me demanda de lui amener le bébé pour une consultation. Ce que je fis dès le lendemain en compagnie de sa maman. Après l'avoir ausculté et examiné le dossier médical, il a promis de soumettre le cas à la prochaine commission du centre médico-social qui statue sur les dossiers d'évacuation sanitaire à l'étranger.

[6] Centre de santé dédié à la prise en charge médicale des employés de la Fonction publique au Sénégal.

Heureusement pour nous, surtout pour sa maman qui s'impatientait et commençait à désespérer, le dossier médical a reçu l'avis favorable de la commission médicale du centre médico-social des fonctionnaires qui a proposé l'évacuation de Ahmadou Ngadiel à l'hôpital pédiatrique Cheikh Zaïd[7] de Rabat au Maroc.

Toutefois, j'étais triste et frustré pour les nombreux autres enfants du centre CUEMO auxquels je commençais à m'habituer et tous ceux et celles qui souffrent de ces maladies et qui, malheureusement, pour n'avoir pas les moyens et surtout pour n'être pas fonctionnaires, ne pourront pas bénéficier de la prise en charge dont vient de bénéficier mon enfant, du fait de mon statut de fonctionnaire. Et pourtant tous ces nombreux enfants malades restent des enfants de la République du Sénégal et méritent une prise en charge correcte de leur état de santé.

Tout de même je me dois de remercier l'État du Sénégal pour ce service oh ! combien important qu'il a rendu à mon enfant, pour ce soulagement qu'il a apporté à sa maman, pour le bonheur et la sérénité retrouvés en famille. En effet, pour les besoins de son opération le bébé et sa maman ont été évacués par le centre médico-social à l'hôpital Cheikh Zaïd de Rabat au Maroc le 4 juillet 2018. Dans la semaine suivante, je prenais l'avion pour le Maroc afin de leur tenir compagnie. Nous séjournâmes à Rabat pendant un mois du 04 juillet au 08 août 2018.

C'est vrai que nous avions beaucoup d'appréhensions avant l'intervention chirurgicale, appréhensions en rapport

---

[7] L'hôpital universitaire international Cheikh Zaïd est un service hospitalier de la fondation Cheikh Zaïd Ibn Soltan créé en 1998. Il est situé à Rabat au Maroc. (Wikipédia)

surtout avec la nature de l'opération (opération du cœur), le faible poids et l'âge (6 mois) de l'enfant, la qualité du plateau technique, la solitude et le dépaysement. Finalement nos craintes se sont dissipées. D'abord, nous avons trouvé beaucoup d'enfants du même âge très malades, dont une petite Sénégalaise qui souffrait aussi d'une malformation cardiaque et qu'accompagnait sa mère. Ensuite, une quinzaine de jours après, Ahmadou a été opéré avec succès. Le suivi post opératoire aussi s'est bien déroulé et finalement il a été autorisé à sortir de l'hôpital et nous avons regagné le Sénégal qui nous manquait beaucoup quelques jours avant la fête de la Tabaski.

C'est le lieu de remercier les Dr Patrice Théophile Sarr et Mounir Dia du Centre médico-social, Mme Dione, l'assistante sociale et tout le personnel dudit centre, Messieurs Ousmane Diallo et Cheikh Ahmed Tidiane Ba. Mes remerciements vont également à tout le personnel de l'hôpital Cheikh Zaïd de Rabat et particulièrement à Cheikh Amet Tidiane Sylla étudiant au Maroc, bénévole infatigable au service des malades sénégalais hospitalisés à Rabat.

II. Le voyage au Maroc

Ce voyage est important à un double titre. Il m'a permis de découvrir un pays africain émergent au vrai sens du terme, mais aussi de rencontrer, mon inspirateur et coach en bourse, Robert T. Kiyosaki.

Le Maroc est un grand pays moderne qui pourrait, à bien des égards, inspirer les pays africains notamment ceux de l'espace UEMOA parce qu'il a fini déjà de concurrencer la France dans bien des secteurs de notre économie, d'envahir notre espace aérien et notre tissu économique ; et si nos dirigeants et notre secteur privé national ne se réveillent pas de leur somnolence, le Maroc risque bientôt de supplanter la France et de faire disparaître bien des entrepreneurs du secteur privé local. Et pourtant le Maroc n'est ni un pays pétrolier ou gazier ni un pays industriel de grande envergure.

Cependant, le Maroc reste un grand pays moderne qui a presque fini de conquérir le marché économique de l'espace UEMOA, à travers sa célèbre flotte aérienne Royal Air Maroc (RAM). Le royaume chérifien est aussi présent dans presque tous les pays africains de la sous-région ouest-africaine dans le secteur bancaire à travers ses groupes Attijariwafa Bank, BMCE (Bank of africa), BCP (banque centrale populaire) et le secteur des assurances (wafa et saham). Le surplus de son industrie agro-alimentaire reste également remarquable dans l'espace UEMOA jusque dans le commerce de détail à travers les produits laitiers de marques Danone et Jaouda, sans parler de son surplus de production de fruits et légumes qui inonde nos marchés de détail.

D'ailleurs ce n'est pas par simple altruisme que le Maroc veut intégrer la CEDEAO[8]. C'est pour trouver un grand marché à la taille des ambitions de son secteur privé et bénéficier des avantages de cet espace économique intégré, en termes de libre circulation des biens avec surtout l'avantage du tarif extérieur commun (TEC)[9] qui rendrait ses

---

[8] La Communauté économique des États de l'Afrique de l'Ouest (CEDEAO) est une organisation intergouvernementale ouest-africaine créée le 28 mai 1975.Elle a pour objectif essentiel l'édification en Afrique de l'Ouest d'un espace économique harmonisé et intégré.

[9] Le tarif extérieur commun (TEC) consiste à appliquer les mêmes droits et taxes aux marchandises entrant dans l'espace CEDEAO,

produits beaucoup plus compétitifs et son économie plus florissante.

Le Maroc est également un pays qui a sa propre monnaie le dirham dont le cours s'échangeait en septembre 2018 autour de 60 francs CFA.

En outre, la vie au Maroc n'est pas très chère comparée à certaines capitales africaines comme Dakar. En effet avec :

- 50 dirhams soit 3 000 francs CFA, on peut payer le transport (6 dirhams pour un voyage en TRAM), payer le déjeuner et le dîner.

- 10 dirhams soit 600 francs CFA, on peut acheter du lait, du sucre et du pain. Or le même lait est vendu à Dakar à 600 francs CFA.

Fermons la parenthèse de cette digression économique pour dire que ce voyage m'a permis de découvrir des populations accueillantes, un pays moderne, propre et ouvert au monde. Car, pendant mon séjour d'un mois à AL MAMOUNIA à Rabat, je me suis rendu à Casablanca et à Fez, je me suis promené librement et en toute sécurité dans cette grande ville de Rabat, et je n'ai à aucun moment été apostrophé par la police, si ce n'est à l'aéroport pour les formalités douanières ; pourtant j'ai emprunté leur tramway (TRAM) tous les jours, leurs taxis et leurs trains pour les longues distances pour visiter Casablanca et Fez.

Ce qui m'a agréablement surpris avec le Royaume du Maroc c'est l'absence de visa à l'entrée, le système de transport aérien et ferroviaire de qualité, la forte présence

---

indépendamment de leur point d'entrée et de leur destination au sein de l'espace économique (Juristeconsult.net).

d'étudiants et de commerçants africains, l'amitié que leur population témoigne publiquement à l'endroit des Sénégalais.

Toutefois, on y sent aussi de la pauvreté au regard de la mendicité qui semble être tolérée dans la capitale administrative, Rabat, du développement du petit commerce dans la rue et l'aspect encore traditionnel de la campagne. Tout de même, les villes telles que Rabat et Casablanca sont de grandes villes modernes avec un réseau de transport ferroviaire bien structuré, tout le contraire ne nos villes ouest-africaines où le réseau ferroviaire a été démantelé et remplacé par un parc automobile très polluant roulant sur des routes étroites et en très mauvais état.

Au regard du système de transport ferroviaire moderne que j'ai découvert au Maroc, je peux affirmer sans risque d'être contredit que ceux qui ont conseillé les pays africains à abandonner le rail et les dirigeants qui ont démantelé et vendu en pièces leurs réseaux ferroviaires sont les auteurs d'un grand crime économique et ce, au regard des milliards qui ont été investis dans le goudron, des nombreuses pertes en vies humaines dues aux accidents de la route et surtout de la cherté du transport dans presque toutes les grandes villes africaines, surtout dans les capitales.

Heureusement que la nouvelle génération de dirigeants africains s'est aperçue, quoique tardivement, qu'une ville moderne, qu'un transport moderne ne peuvent pas se concevoir en dehors du rail, ce qui explique le nouvel engouement pour le rail de la nouvelle classe dirigeante africaine. En effet le train reste le meilleur moyen de transport de masse en termes de sécurité, de coût et d'économie d'énergie, à condition de savoir choisir les trains les plus adaptés à nos pays qui doivent encore relever le défi du désenclavement.

III. La rencontre avec Robert Kiyosaki

Rabat, la capitale administrative marocaine est une bibliothèque à ciel ouvert. Ce qui frappe la personne qui visite cette ville pour la première fois, c'est la présence massive des bibliothèques de rue communément appelées au Sénégal « bibliothèques par terre ».

En effet, en termes de classement, après les boutiques de vêtements et de chaussures, puis les nombreux restaurants et cafés bondés à longueur de journée, ce sont les vendeurs de livres qui occupent la troisième place du classement des commerces à Rabat-ville, au regard de leur présence massive au centre-ville, surtout sur les allées menant à la gare.

Au cours de mon séjour à Rabat pour les besoins de la prise en charge chirurgicale cardiaque de mon fils Amadou Ngadiel, mon rôle consistait à tenir compagnie à mon épouse et au patient qui étaient internés à l'hôpital Cheikh Zaïd[10] qui n'est pas situé en ville, mais plutôt dans la zone universitaire, d'où il leur était impossible de sortir pendant toute la durée de l'hospitalisation. Ainsi, tous les jours, j'apportais à manger à mon épouse qui ne supportait plus les repas que l'hôpital lui servait, qu'elle trouvait pas suffisamment assaisonnés.

---

[10] Du nom de la fondation Cheikh Zaïd qui est un organisme à but non lucratif créé en 1993 à Rabat et œuvrant dans le domaine de la santé. Cet organisme a été co-fondé par Cheikh Zayed Sultan Al Nahyane fondateur de la fédération des Émirats Arabes Unis et le Roi Hassan II du Maroc (Wikipédia).

Ainsi, j'ai réussi à lui trouver des plats sénégalais, dont le fameux *thiébou dieune* auprès des restauratrices ambulantes du marché de Rabat qui n'était pas loin de mon lieu de résidence. Sur ce marché aussi on rencontrait tous les jours de jeunes Subsahariens (Sénégalais, Maliens, Ivoiriens…) qui essayaient de rejoindre Tanger, en vue de regagner clandestinement l'Europe.

L'absence de visa d'entrée au Maroc facilitait leur entrée dans ce pays. Malheureusement la plupart d'entre eux, à défaut de pouvoir réaliser leur rêve de rejoindre l'Europe et le plus souvent victimes des nouveaux négriers (passeurs et courtiers à l'émigration clandestine) finissaient comme marchands à la sauvette ou mendiants dans les rues des villes du Maroc, ternissant du coup l'image de leurs compatriotes régulièrement installés dans ce pays.

Les ravages de l'immigration clandestine risquent de coûter cher aux jeunes économies africaines qui ont pourtant plus que besoin de cette force vive pour construire et développer le continent. En effet, si la colonisation a dépeuplé le continent africain, la saignée ne s'est pas estompée et continue aujourd'hui soit de façon organisée, au regard de la fuite des cerveaux planifiée par les pays riches sous forme d'immigration choisie, soit ou de façon informelle et violente, sous forme d'immigration clandestine. Et cette saignée ininterrompue de ressources humaines de qualité depuis la période coloniale ne sera pas sans conséquence sur le futur de l'Afrique.

Je suis d'avis que la lutte contre ce fléau passe par l'éducation, la formation et la promotion de la transparence et de la bonne gouvernance dans les pays d'origine des immigrés. Surtout qu'aujourd'hui, on peut gagner sa vie en

France, aux États-Unis, au Canada sans sortir de l'Afrique, donc sans émigrer. Il suffit juste d'être formé et connecté.

C'est dans les rues très animées et bien achalandées de cette belle ville de Rabat, en allant à l'arrêt du TRAM sis à la Gare pour aller à l'hôpital Cheikh Zaïd (parcours que je fais au minimum deux fois par jour suivant les heures de visites très strictes à l'hôpital) que j'ai fait cette inattendue et agréable rencontre avec Robert T. Kiyosaki.

En effet, c'est dans ces rues que j'ai acheté cinq livres très bon marché, dont le célèbre ouvrage *Père riche, père pauvre* [11] de Robert T. Kiyosaki[12] et de Sharon L. Lechter[13].

J'avais déjà entendu parler de cet ouvrage dans la presse notamment à Radio France internationale (RFI) et j'étais surpris de retrouver aussi facilement la version française en si grand nombre sur les étals des bouquinistes de Rabat.

Parmi les nombreux autres livres que j'ai achetés bon marché sur ces bibliothèques à ciel ouvert au Maroc, je peux citer :

Le pouvoir de la confiance de Stephen M.R. Covey,
La solitude du vainqueur et *l'Alchimiste* de Pablo Coelho,
La plus haute des solitudes de Tahar Ben Jelloun,

---

[11] « *Père riche, père pauvre* » est un livre de ROBERT KIYOSAKI et de SHARON LECHTER paru en 1997. De style autobiographique, Robert Kiyosaki utilise un ensemble de paraboles et d'exemples tirés de son propre parcours afin de souligner l'importance de développer son intelligence financière. (Wikipédia)

[12] Robert Kiyosaki né le 8 avril 1947 est un entrepreneur américain spécialisé dans le développement personnel.

[13] Sharon L. Lechter est une comptable américaine, auteur et femme d'affaires. Elle est co-auteur de *Rich Dad Poor dad* et fondatrice de l'organisation d'éducation financière « Pay your family first ». (Wikipédia)

L'homme qui voulait être heureux de Laurent Gounelle

Et bien sûr *Père riche, père pauvre* de Robert Kiyosaki et de Sharon Lechter.

J'avais acheté ces livres pour agrémenter mes longues soirées dans cette ville où ma principale activité consistait à aller à l'hôpital.

Mon premier choix de lecture s'est porté sur celui de Robert Kiyosaki : « Père riche, père pauvre » qui, d'ailleurs, m'a agréablement surpris. En effet, je découvrais tout le bien que les commentateurs pensaient de cet ouvrage, je découvrais une véritable éducation financière pratique et accessible dans ce livre. Et l'une des nombreuses et importantes leçons que j'en ai tirées et qui m'a le plus servi c'est : « devenir riche, ça s'apprend ».

D'ailleurs je recommande la lecture de ce livre à tout le monde, notamment à nos épouses et nos enfants. C'est mieux que tout ce que j'ai lu durant mon parcours scolaire et universitaire notamment les nombreuses œuvres au programme qui traitent plus d'histoire, de colonisation, de conflits de générations, que de : « comment résoudre nos problèmes quotidiens ». C'est un livre qui donne un vrai cours sur les finances personnelles dont le gain, la fructification et la conservation sont la bataille de tous les travailleurs et entrepreneurs que nous sommes.

Au fait, la lecture de cet ouvrage m'a fait découvrir le monde de la finance en général et celui de la bourse en particulier et ce, grâce à la formidable nouvelle grande école que constitue Internet. Ce nouvel outil d'apprentissage, de recherche et de formation qu'est Internet a révolutionné le monde, sans malheureusement que beaucoup de gens ne s'en rendent compte notamment en Afrique où la méthode d'apprentissage et d'enseignement n'a pas beaucoup évolué, malgré les nombreux changements technologiques intervenus ces dernières années. Ces changements affectent notamment le secteur de l'éducation et de la formation. Ainsi apprendre et comprendre toutes les disciplines sociales, économiques, culturelles, politiques, etc. est devenu plus simple et plus accessible de nos jours.

Grâce au développement du digital, la science et la connaissance sont devenues plus accessibles à l'humanité. Le savoir est à portée de main, au bout d'un simple clic. En effet, en un clic sur le puissant moteur de recherche Google[14], par exemple, on découvre des connaissances qui étaient jusque-là inaccessibles, on accède aux avis des spécialistes du monde entier sur toutes sortes de questions ou sujets.

Donc l'école a vraiment changé dans la mesure où, on peut apprendre et se former en restant à la maison, n'importe où, sans se déplacer et surtout avec simplement un ordinateur ou un téléphone et une connexion à Internet. La crise sanitaire de la Covid-19 avec toutes les restrictions qu'elle a engendrées sur le plan social et professionnel, le confirme.

Et je peux affirmer que c'est une autre leçon que j'ai retenue de l'ouvrage « Père riche, père pauvre » qui nous apprend que la richesse c'est la connaissance financière. Et ma quête de cette richesse notamment l'apprentissage de la bourse se fit par Internet, d'autant plus qu'à ma connaissance, il n'y a pas d'école au Sénégal où on forme spécifiquement sur la bourse.

---

[14] Google est le nom de la société et du moteur de recherche sur Internet. Éponyme créé en 1998 par Larry Page et Sergueï Brin lorsqu'ils étaient étudiants à l'Université de Standford aux États – unis. (Google)

Ainsi, tout ce que je connais de la bourse, je l'ai appris à travers Internet, c'est mon École de formation à l'éducation financière. Et j'y ai fait des découvertes surprenantes et enrichissantes sur beaucoup de marchés boursiers à travers le monde. Internet est le vecteur le plus puissant et le plus déterminant de la mondialisation. Ce puissant réseau de communication et d'échanges a fait sauter toutes les barrières et effacé pas mal de frontières entre les pays, les continents, les riches et les pauvres. Internet a relativisé l'espace en le rendant moins contraignant et en favorisant une intégration des extrémités qui favorisaient les exclusions. À nous d'en profiter pour jouir pleinement des nouveaux droits des citoyens du monde en termes d'égalité à l'accès aux ressources et à l'information.

Chapitre 2

La question de l'autonomie financière

Que l'on en soit conscient ou pas, qu'on le dise ou non, nous recherchons tous et toutes la richesse, que ce soit dans l'apprentissage d'un métier, dans l'entrepreneuriat, dans la politique ou dans le domaine religieux.

I. C'EST QUOI LA RICHESSE ?

Dans cette société de consommation de masse et de précarité de plus en plus grandissante et généralisée, certains se privent de rêver grand, or c'est la meilleure chose à faire et ce, le plutôt possible, pour avoir la chance de voir ses rêves grandioses se réaliser.

Le rêve de certains se limite à conquérir le cœur de la voisine ou de la miss du quartier, de la camarade de classe ou de l'artiste qui fait le buzz en ce moment sur les plateaux de télé ou sur Internet. Pour l'étudiant ou l'étudiante, le rêve le plus courant se limite à réussir à son contrôle, puis ses examens et enfin décrocher un stage ou son premier emploi. Pour le joueur de foot, c'est de taper dans l'œil d'un recruteur afin de pouvoir signer son premier contrat professionnel. Pour l'autre c'est d'obtenir un visa et d'aller monnayer sa force ou son talent dans le pays d'émigration de ses rêves. Pour l'entrepreneur, c'est de gagner tel marché, d'obtenir tel agrément, etc.

Mais après l'atteinte de ce premier objectif ou la réalisation de ces rêves précités, on se rend compte très vite qu'il reste du chemin à parcourir. En effet, après avoir conquis le cœur de ses rêves, on se marie, on fonde une famille, puis on se rend compte qu'en plus de l'amour, il faut des moyens pour vivre intensément cet amour, pour entretenir la famille qui va s'élargir. Aussi, après la réussite aux examens ou concours et le recrutement dans la fonction tant rêvée, vite on se rend compte que le salaire ou revenu qui nous est proposé est en deçà de nos attentes et ne nous permet pas de mener la vie que l'on souhaite. Le joueur professionnel aussi se rend compte très vite que le gros salaire qu'on lui paie ne représente rien par rapport au standing de vie qui sied à son nouveau statut de star internationale de football. L'immigré se rend également compte que le pays d'accueil n'est pas l'eldorado tant rêvé et commence bientôt à se plaindre du niveau insuffisant de ses revenus par rapport aux nombreux projets qu'il nourrissait. Enfin l'entrepreneur qui, bien qu'ayant gagné le marché qu'il convoitait ou obtenu l'agrément tant souhaité doit repartir à la conquête de nouveaux marchés, doit relever le défi de la concurrence et de l'innovation.

Alors, on se rend compte que ces premiers rêves n'étaient que des étapes dans le parcours le plus long, le plus difficile de l'atteinte du grand objectif de tout un chacun : vivre la vie de ses rêves, donc l'autonomie financière, la richesse.

Au fait qui ne voudrait pas devenir riche, être autonome financièrement ?

Tout le monde veut devenir riche, moi en premier, vous autres qui me lisez en ce moment. Hommes, femmes, jeunes et vieux tous veulent être autonomes financièrement.

Personne ne souhaiterait dépendre financièrement de quelqu'un ou de quelqu'une. On aimerait bien respecter nos échéances, honorer nos engagements, satisfaire les désirs matériels de nos partenaires, de nos enfants, de nos parents, etc. La course à la richesse, à l'autonomie financière restent, le rêve, l'objectif le mieux partagé dans le monde de nos jours.

Toutefois, les chemins qui mènent à la richesse sont divers et la plupart du temps parsemés d'embûches et d'obstacles de tous genres. Au fait, c'est quoi la richesse ?

La richesse peut se définir comme l'abondance de biens, de moyens, de revenus. Le Petit Larousse définit la richesse comme : « l'état de quelqu'un, d'un groupe qui possède une grande fortune, des biens importants. » Ceci est la conception que généralement, on se fait de la richesse.

Mais plus que tout cela, le célèbre auteur américain Robert Kiyosaki dans son bestseller mondial intitulé *Père riche, père pauvre* qu'il a coécrit avec Sharon L. Lechter nous enseigne que la vraie richesse, c'est plutôt la connaissance. Et la connaissance dont parle Robert Kiyosaki, ce n'est pas une connaissance générale encore moins une connaissance académique ; il parle plutôt de connaissance financière. Autrement dit, il soutient que c'est la connaissance de l'argent qui favorise la richesse : « il est important que vous connaissiez l'abc du domaine financier au niveau des mots et des nombres. »[15] Ceci est d'autant plus vrai que l'on peut être un éminent professeur, un colonel de l'Armée, un grand ingénieur, un grand commerçant ou

---

[15] *« Père riche, père pauvre »* de ROBERT KIYOSAKI, nouvelle édition 2017 20e anniversaire p. 85

industriel et se révéler un piètre gestionnaire. Donc, risquer la faillite ou la banqueroute à la plus petite crise, se faire expulser de sa maison de fonction ou du camp militaire à la retraite.

Donc, gagner de l'argent, beaucoup d'argent c'est une chose, conserver cet argent et le fructifier pour se prémunir du risque de faillite le plus longtemps possible, en est une autre.

Certes la connaissance favorise la richesse dans la mesure où :

- L'enseignant, le coach ou le formateur sont aimés, adulés et recherchés pour leur science et leur pédagogie ;

- Le mécanicien, l'électricien, le menuisier, le plombier, etc. sont recherchés parce qu'ils maîtrisent leur travail et nous dépannent à chaque fois que de besoin, gagnant ainsi de l'argent le cas échéant ;

- le marabout est consulté et recherché jusqu'à sa cachette la plus lointaine pour ses prières et divinations presque infaillibles et qu'il facture à sa guise ;

- L'avocat, le médecin, le conseiller financier, en somme tous les spécialistes, sont aussi recherchés pour la maîtrise de leur domaine, de leur art, de leur science qui représente leur véritable trésor, donc leur richesse.

En cas de besoin d'une de ces spécialités, on est prêt à dépenser beaucoup d'argent pour régler ou résoudre notre problème.

La connaissance permet donc à toutes ces personnes d'exercer un emploi, de gagner plus facilement leur vie, de gagner de l'argent et beaucoup d'argent par rapport à ceux qui n'ont pas de connaissances techniques particulières. À ce propos, le romancier Amadou Koné écrit : « le travail, même s'il n'arrive pas à sortir l'homme de la misère, il lui garantit sa dignité »[16].

Donc la richesse est plus accessible à ceux qui connaissent.

Cependant, la maîtrise d'une connaissance, d'un métier, d'une technique, d'un procédé ne suffit souvent pas, à elle seule, à préserver et fructifier l'argent gagné par le travailleur, d'où l'intérêt de s'interroger sur quelle connaissance faut-il avoir pour devenir riche ? Autrement dit quelle connaissance permet plus facilement d'accéder à la richesse ?

À cette question, Robert Kiyosaki répond, toujours dans son ouvrage *Père riche, père pauvre* que la vraie connaissance qui nous permet d'accéder à l'autonomie financière, c'est : « l'éducation financière »[17] qui, malheureusement, n'est pas enseignée dans le système classique d'éducation et de formation.

Autrement dit, les gains, le revenu aussi importants qu'ils soient, s'ils ne sont pas préservés et rentabilisés par l'investissement, vont être neutralisés par la consommation effrénée que la société nous impose. En effet, on apprend plus à gagner de l'argent et à le

---

[16]*« Les frasques d'Ebinto »* AMADOU KONE, Hatier 01 /08/2002.

[17] Selon une définition du conseil de l'OCDE de juin 2005, l'éducation financière est le processus par lequel des consommateurs/ investisseurs améliorent leur connaissance des produits, concepts et risques financiers acquièrent au moyen d'une information d'un enseignement ou d'un conseil objectif les compétences et la confiance … pour améliorer leur bien-être financier.

dépenser, mais moins à le préserver et à le fructifier. L'épargne et l'investissement ne sont pas très prisés en Afrique, la tendance à la dépense est la chose la mieux partagée. Or, l'épargne puis l'investissement sont les chemins qui mènent à l'autonomie financière, à la richesse.

Ainsi, pour devenir riche à partir de ce que l'on gagne, il faut inverser notre mauvaise habitude consistant à dépenser tout ce que l'on gagne. Pour ce faire, épargnons en sauvant le plus de ressources possible des nombreuses dépenses parfois inutiles et qui ne sont pas indispensables.

Par conséquent faisons l'effort de ne pas :

- Acheter des habits chers qu'on ne porte qu'une fois comme aiment le faire nos braves dames à l'occasion de certaines fêtes (fin d'année, Tabaski, journée de la femme, etc.)

- Changer de portable en fonction des innovations technologiques ou changements de séries S1, S2, S3… S8 pour les Samsung, IPhone XR, 11, 11 pro, 11pro max, etc. Utilisons nos téléphones le plus longtemps possible. Apprenons à en faire de l'utilitaire plutôt que du bling-bling.

- Changer de meubles (salons, armoires, lits) alors que ceux qu'on a à la maison sont encore en bon état et trônent majestueusement dans nos chambres, salons ou jardins.

- Acheter ou changer de voitures chères et inadaptées. Exemple : acheter une voiture chère alors qu'on ne voyage presque pas, avoir deux, trois véhicules alors qu'on n'a besoin que d'un véhicule pour toute la famille.

En effet, on oublie que le véhicule est certes utile, mais il peut devenir une source de dépenses importantes surtout quand il consomme beaucoup de carburant et passe plus de temps entre les mains du mécanicien que celles du propriétaire.

- Acheter des terrains ou maisons dans des quartiers huppés dont les coûts de construction, d'entretien vont grever pendant longtemps notre budget.

- Abuser des cartes bancaires et des moyens de paiement électronique ou de transfert d'argent surtout à l'occasion des nombreuses fêtes qui rythment la vie en Afrique et au Sénégal en particulier où fêtes de Noel, pâques pour la communauté catholique ; *Korité, Tabaski, Tamkharit, Magal, Gamou*, retour de la Mecque[18] pour les musulmans grèvent les budgets des familles.

La journée de la femme célébrée chaque 8 mars et la fête du Travail célébrée par les nombreux syndicats chaque 1er mai sont souvent aussi des sources de dépenses effrénées et de gaspillage, au mépris de l'esprit originel de telles commémorations qui devraient être plus sobres que folkloriques, au regard des causes (condition de la femme, droits des travailleurs) qui les sous-tendent.

Tout de même, il faut reconnaître aussi que ces nombreuses fêtes avec leurs exigences culinaires et vestimentaires entre autres, ont un impact positif sur l'économie nationale notamment sur le niveau de production de certaines entreprises et de la consommation des ménages. En effet, il y a beaucoup d'entreprises qui réalisent 60 à 70 %

[18] Fêtes religieuses au Sénégal marquées par des réjouissances populaires et des dépenses excessives

de leur chiffre d'affaires annuel à l'occasion de ces fêtes. C'est le cas notamment des industriels qui sont dans l'agro-alimentaire, des commerçants de tissus, des marchands de bétail, des prestataires de services tels que les tailleurs et coiffeurs, les artistes-comédiens, les prédicateurs et chanteurs religieux, etc.

Faisons très attention une fois encore avec l'argent liquide et les cartes GAB[19] qui nous donnent cette impression de puissance qui, en réalité, n'est qu'illusoire et éphémère.

Faisons également attention aux « crédits conso » que les banques nous fourguent à renfort de publicité à l'occasion des fêtes de fin d'année ou à la rentrée des classes. Ne nous endettons à la banque que quand il s'agit de crédit utile et nécessaire comme le crédit immobilier, par exemple. En effet, il faut emprunter tant qu'on le peut, quand on a la santé et des revenus. Car les banques ne vous prêtent que parce que vous avez des revenus, des garanties : une capacité d'endettement. Celle-ci n'est pas permanente ni illimitée surtout quand vous êtes un salarié. C'est d'ailleurs cette capacité d'endettement qui m'a facilité un crédit immobilier qui m'a permis d'acheter ma première maison à Dakar, avec des modalités de paiement souples et échelonnées sur 10 ans, puis sur 15 ans. En somme, c'est mieux d'utiliser le crédit pour investir plutôt que pour la consommation courante. En effet, il est recommandé, et c'est plus malin, d'utiliser le crédit pour préserver nos fonds propres et orienter ces derniers vers l'investissement, ce qui nous garantit une qualité de vie meilleure et durable surtout à la retraite. En effet, c'est généralement ce que fait la banque et les

[19] Cartes bancaires permettant des retraits dans les guichets automatiques des banques.

institutions de crédit, car l'argent des épargnants est investi aussitôt après son dépôt, il ne dort pas à la banque, mais passe de mains en mains, de portefeuilles en portefeuilles, il n'y a que les écritures qui sont en réalité conservées, mais l'argent déposé par les clients personnes physiques et entreprises circule de banque en banque, de compte en compte, il est réinvesti pour générer des profits et entretenir le système financier capitaliste.

Préparons notre retraite aujourd'hui pour, demain, vieillir en toute sécurité et sérénité. À ce titre Robert Kyosaki nous apprend, toujours par rapport à l'importance de l'investissement, dans un de ses post dans Rich Dad Community[20] qu'il y a un proverbe chinois qui nous enseigne que « le meilleur moment, pour planter son arbre c'était il y a vingt (20) ans, mais le meilleur moment pour planter aussi notre arbre c'est aujourd'hui. » Ceci pour dire qu'il n'est pas trop tard, qu'il n'y a pas d'âge pour investir, même le retraité peut investir surtout que maintenant le digital nous offre des possibilités d'investissement et d'enrichissement extraordinaires (formation en ligne, commerce électronique, crypto monnaies, marchés boursiers, etc.)

En somme, dépensons avec raison, gardons la tête froide surtout en période de fête, évitons d'avoir beaucoup de liquidité à portée de main (en poche ou carte bancaire), car la liquidité à portée de main nous donne l'impression d'une certaine puissance de feu qui nous permet de consumer tous les besoins souvent pressants mais non indispensables, provoque en nous cette propension à étancher une soif, une envie de dépenses. Or ce pouvoir disparaît aussitôt ou

---

[20] Page Facebook de ROBERT KIYOSAKI, genre d'école d'éducation financière.

retombe dès la fin ou le tarissement de la trésorerie. Ce qui prouve à suffisance, qu'on peut normalement se passer de cette fièvre dépensière à chaque fois qu'on a de la trésorerie en abondance et orienter celle – ci vers des niches ou secteurs plus sécurisants : l'investissement.

Au fait, la plupart des gens sont sereins et calmes quand ils sont en situation de dèche, quand ils sont fauchés en fin de mois surtout. À ce propos, j'ai un collègue qui disait passer tout le weekend à la maison, devant la télé quand il est asséché financièrement. Or ces mêmes personnes s'agitent et deviennent surexcitées en cas de rentrée d'argent : instant propice aux folies dépensières, aux sorties inutiles, aux virées nocturnes avec des lendemains de gueule de bois et des fins de mois énervants et déprimants.

À ce titre, le célèbre comédien ivoirien le Magnifique[21], dans un de ses sketches de Nouvel An invitait ses compatriotes à construire plutôt que de continuer d'abuser de la bière. Ainsi, il a trouvé la formule magique suivante : une bouteille de bière = au moins à 3 briques de ciment. Regardant ensuite son auditoire, il a regretté que certains de ses compatriotes ivoiriens aient déjà bu un quartier d'Abidjan, alors qu'ils sont toujours en location.

Donc, en cas de rentrée de trésorerie, laissons cet argent refroidir d'abord, trouvons ensuite les moyens d'en investir une bonne partie, avant enfin de penser aux dépenses.

Ceci reste valable aussi pour les patrons d'industries et de commerces qui génèrent beaucoup de cash et qui se contentent juste de déposer tout ce cash en banque, croyant

---

[21] Comédien ivoirien que j'ai découvert dans le « parlement du rire » sur la chaine Canal plus.

ainsi le sécuriser, or ce cash profite plus à la banque qu'au déposant. Donc, apprenons à constituer des réserves en actifs pour périodes ou passes difficiles qui sont inévitables dans la vie. Dans ma carrière, j'ai rencontré beaucoup d'hommes d'affaire, d'industriels, de grands commerçants qui ont connu leur période de gloire en gagnant des marchés de centaines de millions, voire des marchés à coup de milliards de francs FCFA[22] et qui, du jour au lendemain se sont retrouvés dans des difficultés financières qui compromettent leur business et les exposent aux recouvrements forcés des institutions de crédit, du fisc et des organismes sociaux. En effet, en périodes fastes, au lieu de se concentrer sur des investissements sécurisants et préservateurs de leur important cash et de sauver une partie de cette importante trésorerie disponible, ils se sont lancés dans diverses autres activités qui, par manque de maîtrise et de formation dans ces secteurs d'activités, finissent par engloutir tout ce que leur cœur de métier leur a permis de générer, menaçant ainsi leur propre survie en tant qu'entrepreneurs.

Le manque d'éducation financière et une gestion imprudente, voire hasardeuse sont souvent, entre autres, les causes des nombreux échecs en gestion de finances personnelles et en gestion d'entreprises.

Évidemment, je ne vous demande pas de ne pas vivre, encore moins d'être pingres, mais plutôt d'adopter une attitude critique, de faire preuve de beaucoup de retenue dans cette société de consommation de masse et de manipulation en tous genres. En effet, notre société est certes pleine d'opportunités, mais aussi elle est lourde de menaces du fait

[22] Monnaie commune aux huit pays membres de l'UEMOA au cours de 1 euro = 655, 95 FCFA

combiné de la créativité des entrepreneurs web surtout, des évolutions technologiques et de l'intégration de l'économie mondiale. Ainsi, on se retrouve du jour au lendemain de la position de leader d'un secteur d'activité à celle d'entreprises en difficulté, d'une situation stable à la pauvreté et ce, du fait de la précarité de l'emploi, de la rude concurrence des entreprises, de la digitalisation de beaucoup de services.

Par conséquent, à chaque fois que nos revenus nous le permettent, il faut préserver au maximum nos ressources financières, investir, car :

- Collectionner des maisons ou terrains vaut mieux que collectionner des voitures, des salons, de la camelote chinoise (vases, arbres et fleurs artificiels).

- Collectionner des actifs (actions, obligations, fonds communs de placement, SICAV) vaut mieux que collectionner des biens de consommation (greffages ou cheveux naturels, des chaussures, des robes, des bazins, des costumes, des bijoux fantaisistes, etc.), biens qui en plus d'être peu liquides, perdent presque 70 % de leur valeur aussitôt après leur premier usage. Car, vendre des produits financiers (actions, parts de fonds communs de placement) est plus facile et rapporte plus que vendre des cheveux, des vêtements, des chaussures ou des meubles usagés.

Aussi, les ressources financières étant très limitées et les opportunités d'enrichissement se faisant rares, la bonne attitude recommande la prudence à la dépense et l'avidité, voire la course à l'investissement.

Ainsi, il faut adopter la formule ou conduite suivante que je me suis imposée dans ma longue et difficile quête de l'autonomie financière en cours :

- Sortir du cycle ou attitude : Vivre = travailler, gagner, dépenser ;

- Adopter le cycle ou attitude : Vivre = travailler, gagner, investir, dépenser.

De façon concrète, à un certain niveau de revenu, il faut consacrer au moins le quart (1/4) de ce que l'on gagne à l'investissement, et ce, de façon régulière conformément à la régularité du revenu ou salaire. Les trois autres quarts (3/4) peuvent servir respectivement aux dépenses incompressibles du foyer (nourriture, entretien de la famille), au paiement des dettes (factures, emprunts), et au soutien de la famille (solidarité).

À un certain niveau de vie et de revenus, on peut se permettre quelquefois d'investir la moitié, voire les ¾ du revenu et ne consommer que l'autre moitié ou le ¼ restant. C'est notamment le cas pour ceux qui ont résolu un certain nombre d'équations de leur vie (location, transport, éducation des enfants…) et qui en plus ont de très bons revenus ou salaires mensuels.

Un conseil à ce niveau, n'essayons pas de payer toutes nos dettes d'un coût, de régler des factures à l'avance ou vouloir régler, dans l'immédiat des problèmes qui peuvent attendre. Étalons dans le temps tout ce qui peut l'être, payons les factures le plus tard possible essayons de résister à nos propres envies de dépenses non essentielles et surtout à ceux de nos adorables épouses et aux caprices de nos merveilleux enfants qui parfois ignorent totalement nos limites ou contraintes financières et les leurs d'ailleurs, en nous rabâchant les oreilles d'expressions telles que : « je voudrai une chambre à coucher comme celle de… », « une voiture comme celle de… », « un jouet comme celui de… », etc.

Apprenons à connaître nos contraintes ou limites financières, pour en tenir compte dans nos envies de dépenses courantes.

À nos braves dames qui rivalisent dans la collection des bijoux en or[23], je recommande aussi d'utiliser cette fortune pour investir en bourse plutôt que de la garder le plus longtemps possible, car les actions et les obligations rapportent plus rapidement que les bijoux en or. En effet, l'or tel qu'il est utilisé par nos bonnes dames représente plus de l'épargne que de l'investissement. Et cette méthode traditionnelle d'investissement dans de l'or que pratiquent nos braves mères, épouses et sœurs est incommode, dans la mesure où cela les expose à des risques de cambriolage, de perte et ce, d'autant plus que cet or gardé à la maison dans des boîtes à bijoux, des « coffres », des armoires, etc., donc à la portée du premier intrus n'offre aucune garantie à sa détentrice et ce, d'autant plus que la culture de l'assurance est la chose la moins partagée en Afrique.

Contrairement aux hommes qui en général n'ont aucun actif en dehors de l'immobilier, pour certains d'entre eux, nos braves dames quant à elles ont un potentiel d'investissement en bourse très important. Ainsi, il leur suffit juste de vendre quelques bijoux en or pour se constituer un bon capital d'investissement de départ en bourse et prétendre

---

[23] Dans la tradition de nombreux pays africains de l'ouest, la femme achète des bijoux en or qu'elle garde en prévision des imprévus et en perspective du mariage de leurs filles

très rapidement aux plus-values et dividendes dans le court terme au lieu d'attendre des années une montée improbable des cours de l'or auprès de nos bijoutiers traditionnels.

D'ailleurs à ce niveau, la BRVM et la BCEAO devraient être plus ingénieuses en proposant un système alternatif de gestion de cette importante richesse gardée en quantité indéfinie dans les « cachettes » de nos dames, dans les maisons et contenue en grande quantité dans le sous-sol des pays de la sous-région qui en sont presque tous producteurs et exportateurs. Ceci, afin de permettre à nos artisans qui ne cessent de se plaindre de l'absence de marché officiel (comptoir d'or) et aux nombreux commerçants de ce métal précieux d'y accéder beaucoup plus facilement et en toute sécurité. Cela permettrait aussi à nos braves mamans, sœurs et épouses de tirer plus de bénéfices de l'or qu'elles collectionnent et gardent dans leurs maisons. En effet, nous avons beaucoup d'or et il faut qu'on arrête, en Afrique, de gérer la richesse en cachette, d'en faire un sujet tabou, ce qui ne fera qu'alimenter des trafics de tous genres, d'accroître l'insécurité et d'entretenir une économie souterraine qui ne profitera pas au plus grand nombre, car échappant aux administrations fiscales et douanières des pays africains. Il est inadmissible que des pays non producteurs de cette ressource et des traders établis à Londres, à Dubaï, à Hong Kong, à Zurich… puissent profiter de cette ressource plus que les pays producteurs et leurs populations qui sont victimes d'éboulements et de pollutions de leur environnement.

La solution africaine à cette situation, que je propose dans ce livre, sera abordée dans le chapitre 2 de la deuxième partie de cet ouvrage. J'y parlerai notamment des moyens de promotion de l'investissement en bourse en Afrique, de système de trading de l'or que je propose d'appeler K-Trade[24]. Quant aux titres ou unités de trading, je les appellerai Ekor ou Ecor.

Pour les patrons d'entreprises, l'heure est à la veille, à la vigilance et surtout à l'adaptabilité ou « mutation permanente ». En effet, avec le développement de la technologie, son accessibilité et l'intégration de l'économie mondiale, il y a de moins en moins de certitudes dans les secteurs d'activités. Les innovations technologiques sont devenues accessibles au grand public grâce surtout aux phénomènes de l'automatisation, de la gratuité et du partage dans les réseaux sociaux. Ainsi, on passe facilement de leader d'un secteur d'activité à entreprise en difficulté, voire sinistrée du jour au lendemain. Les entreprises qui évoluent dans le transfert d'argent ne me démentiront pas. L'activité classique de banque, de par sa lourdeur et ses commissions onéreuses, est aujourd'hui sérieusement menacée par la banque en ligne et les établissements de monnaie électroniques (EME)[25] dont la réalité est telle qu'ils sont entrés même dans le jargon de la très conservatrice BCEAO[26]. Le lancement d'ORANGE BANK CI en est une autre illustration.

Donc devenir riche, comme conduire une voiture, ou exercer le métier de coiffeur, tailleur, ingénieur, architecte,

---

[24] De l'auteur, système imaginé et conçu par l'auteur pour rendre le trading ou commerce électronique de l'or disponible en Afrique, notamment au niveau de la BRVM.

[25] « Covid-19 /UEMOA : la BCEAO prend 8 mesures pour inciter à l'usage des moyens de paiement électronique.» JEAN MERMOZ KONANDI, *Sika Finance* le 1/04 /2020.

[26] BCEAO banque centrale des États de l'Afrique de l'Ouest.

etc., ça s'apprend grâce surtout à un changement de comportements et d'attitude par rapport à nos finances personnelles. Et c'est l'un des enseignements qui m'ont le plus marqué dans le livre P*ère riche, père pauvre*. On passe des décennies à l'école pour apprendre un métier et enfin espérer toucher un salaire grâce à notre premier stage ou emploi, de même, pour devenir riche, il y a forcément un chemin à faire, un parcours initiatique à endurer, des obstacles à franchir afin d'atteindre l'autonomie financière tant souhaitée ou rêvée. Et ce ne sont certainement pas que des prières ou des litanies qu'il faudra réciter. C'est une attitude et des comportements à adopter, notamment apprendre, se former, mettre la main à la pâte, pour ne pas dire commencer quelque chose. À ce propos, dit Albert Einstein[27] : « la connaissance s'acquiert par l'expérience, tout le reste n'est que de l'information ». Et dans cette quête du savoir pour l'avoir, le parcours de personnes devenues riches est une bonne source d'inspiration. En lisant le parcours de personnes célèbres comme Bill Gates[28], Jeff Bezos[29],

[27] ALBERT EINSTEIN, mathématicien, physicien, scientifique (1879 – 1955)

[28] BILL GATES, William Henry Gates III de son vrai nom. PDG de Microsoft informaticien et entrepreneur américain, pionnier dans le domaine de la micro-informatique, deuxième fortune mondiale en 2019 (Wikipédia).

[29] JEFFREY BEZOS, de son vrai nom. Entrepreneur et investisseur américain dans les domaines des technologies et du commerce. PDG d'Amazon. Com. Première fortune mondiale en 2019 (Wikipédia).

Bernard Arnault[30], Jack Ma[31], Aliko Dangoté[32], Babacar Ngom[33], on en apprend quelquefois, plus que ce que l'école peut nous enseigner en 15 voire 20 ans. L'étude du parcours de ces grandes stars et infatigables travailleurs nous enseigne dans la vie que la richesse s'acquiert par la connaissance, la passion et le travail assidu.

Ainsi pour devenir riche, autonome financièrement, en dehors de la création d'entreprises qui reste l'un des meilleurs moyens, il faut apprendre à sauver le maximum de liquidités possible. C'est-à-dire éviter les dépenses somptueuses, futiles, car chaque chose à son temps. Quand on deviendra autonome financièrement, on pourra se permettre certaines folies, des dépenses de prestige sans avoir à le regretter.

Ensuite il ne faut pas être un simple épargnant mais plutôt un investisseur, en transformant la liquidité disponible en actifs. Autrement dit à chaque fois que l'occasion se présente, acheter des actifs immobiliers (terrain, maison) ou mobiliers (actions, obligations, fonds communs de placement). L'intérêt des actifs mobiliers c'est qu'ils sont plus liquides et à la portée de toutes les bourses, ce qui n'est

---

[30] BERNARD ARNAULT, homme d'affaires français. Actionnaire majoritaire et PDG du groupe de luxe LVMH. Troisième fortune mondiale en 2019 (Wikipédia).

[31] JACK MA, Ma Yun de son vrai nom. Premier marchand en ligne au monde. Créateur du site de commerce électronique Alibaba.com (Wikipédia).

[32] ALIKO DANGOTE, homme d'affaires nigérian à la tête de Dangoté Group présent dans le ciment, l'agroalimentaire, la logistique et l'immobilier. Il est considéré comme l'homme le plus riche d'Afrique (Wikipédia).

[33] BABACAR NGOM, fondateur et PDG de SEDIMA Group. Leader de l'industrie avicole au Sénégal.

pas le cas des actifs immobiliers. Cela revient aussi, si on est un éleveur, à acheter des moutons, des chèvres, des chevaux, pourvu que leur entretien ne soit pas trop cher.

Enfin devenir riche demande un certain temps, donc de la patience nécessaire à l'apprentissage de tout métier (conduite automobile, coiffure, architecture, chirurgie, etc.) Les riches vous diront qu'ils ont mis des décennies, toute une vie, voire des générations pour construire leur empire financier.

Bill Gates a commencé en 1975 avec son ami Paul Allen, pour signer son premier grand contrat avec IBM en 1980 et devenir l'homme le plus riche du monde en 1996 soit 21 ans de travail acharné.

Bernard Arnault, la troisième fortune mondiale en 2019 a commencé véritablement dans les affaires en 1950, pour bâtir l'empire LVMH et en faire le numéro 1 du luxe au niveau mondial : soit 70 ans.

Babacar Ngom a commencé dans les affaires en 1976 avec un investissement de base de 60 000 FCFA soit 92 euros environ pour bâtir le Groupe SEDIMA qui, en 2019, a un capital de 2 milliards de francs CFA soit 3 049 012 euros et compte plus de 300 employés directs.

Nana Boureima du Burkina Faso PDG de Nana Boureima Groupe dont le chiffre d'affaires en 2018 tournait autour de 13 milliards de francs CFA[34] a construit son empire pendant plus de 50 ans.

[34] *Jeune Afrique* « Burkina Faso : Nana Boureima, l'infatigable entrepreneur » 19 juin 2018

Le chanteur et entrepreneur africain de renommée internationale, Youssou Ndour[35] a commencé sa carrière dans les années 1970, pour bâtir son œuvre colossale en l'espace de 49 longues années de dur labeur.

Le trait commun entre ces grands hommes et tous les nombreux autres investisseurs que je n'ai pu citer ici, c'est que ce sont des Entrepreneurs. Et le secret de leur réussite c'est l'investissement et le travail dans le long terme. Ceci pour dire que rien de solide ne se construit dans la précipitation et l'amateurisme.

« Devenir riche, ça s'apprend ». Cela paraît évident, mais j'avoue que c'est avec Robert Kiyosaki que j'ai compris véritablement le sens de cette phrase. D'ailleurs les deux termes qui auront le plus retenu mon attention à la lecture de son ouvrage sont : *devenir riche ça s'apprend* et la notion d'*éducation financière*. Et ce n'est pas un hasard si l'expression « *apprendre à devenir riche* » se retrouve dans le titre de mon livre. Ainsi, je me suis lancé dans la quête de cette autonomie financière, en recherchant dans mon environnement immédiat, les moyens de mettre en pratique ces leçons. Pour rappel, Robert Kiyosaki définit simplement l'autonomie financière ou la richesse par le rapport des ressources sur le temps. Autrement dit, il emprunte à R. Buckminster Fuller sa définition de la richesse. Ce dernier soutient : « la richesse est la capacité d'une personne à survivre pendant de nombreuses journées dans l'avenir… ou

---

[35] YOUSSOU NDOUR : Auteur – compositeur – interprète. Musicien et homme d'affaires sénégalais. Patron de presse et de la Fondation groupe Futurs médias (Wikipédia).

bien, si je cessais de travailler aujourd'hui, combien de temps pourrais-je survivre ? [36]

À partir de cette définition, chacun peut mesurer schématiquement sa richesse pour soit se réjouir de son niveau, soit en déplorer la précarité et essayer de donner une nouvelle tournure à la trajectoire de sa vie. Cela fonctionne à peu près comme la jauge du niveau de carburant des automobiles. Cette jauge nous renseigne soit sur l'autonomie du véhicule en carburant soit sur l'état de ses réserves afin de savoir combien de kilomètres on peut parcourir avec le niveau indiqué sur le tableau de bord.

Certes comme beaucoup d'entre vous, j'ai eu auparavant à investir dans divers secteurs d'activités (élevage, aviculture, agriculture, etc.), en dehors de mon travail professionnel. Malheureusement le rendement souvent escompté n'était pas au rendez-vous. Pire quelquefois les échecs étaient même retentissants. En effet, beaucoup d'Africains d'ici et de la diaspora surtout ne me démentiront pas : investir en Afrique et réussir relève presque d'un miracle. Notre environnement, surtout la mentalité de nos proches est très hostile à l'investissement. Au fait nous croyons plus à l'aide qu'à l'investissement. Or notre environnement est plein d'opportunités. Nous avons la chance d'habiter un continent en voie de développement où tout est à faire, à développer, donc plein d'opportunités dans l'agriculture, l'élevage, le commerce, le transport, les services, etc.

---

[36] « Père riche, père pauvre » de ROBERT KIYOSAKI, édition 2017 page 106.

II. DANS QUOI DEVONS-NOUS INVESTIR POUR DEVENIR RICHES ?

Après avoir défini la richesse et proposé un changement de comportements qui conduit inéluctablement à la constitution d'une épargne, donc d'un trésor de guerre, il est temps maintenant de trouver un moteur ou véhicule qui nous conduira à l'autonomie financière, donc à la richesse tant rêvée. Ainsi, les meilleurs niches ou véhicules d'investissement sont, entre autres : l'entreprise, l'immobilier, les actions, les obligations, les OPCVM (SICAV et FCP). Je vais revenir sur chacune de ces niches d'investissement afin de vous révéler, en quoi elles sont de bonnes opportunités d'investissement.

1. L'Entreprise

L'entreprise se définit comme une unité institutionnelle créée, pour produire des biens ou des services au profit des clients. Mais son objectif principal, surtout pour les entreprises à but lucratif, est de tirer un gain financier de la fourniture de biens ou services, pour le compte du ou des propriétaires de l'entreprise.

Donc, on crée une entreprise, pour s'enrichir, autrement dit, profiter des bénéfices générés par l'activité de l'entreprise. Ainsi, en plus des salaires payés aux employés, le ou les actionnaires des entreprises sont les principaux bénéficiaires des profits réalisés par les entreprises. En effet, en plus du salaire perçu en tant que dirigeants (DG, PCA) dans leurs entreprises, les bénéfices réalisés et distribués profitent aussi exclusivement aux actionnaires ou propriétaires des entreprises. Aussi, en tant qu'entité économiquement et juridiquement autonome, par conséquent transmissible aux héritiers du ou des fondateurs, l'entreprise constitue un puissant moteur de création, de renforcement et de perpétuation de la richesse pour le compte de son ou ses propriétaires. Ainsi, créer une entreprise, évidemment une bonne entreprise, permet de devenir riche pendant longtemps et de prétendre à l'autonomie financière vers laquelle nous invite Robert Kiyosaki.

Vous me direz que ce n'est pas facile ou qu'il faut beaucoup de moyens pour créer une entreprise. Totalement faux. En effet, une entreprise c'est plus du flair, des idées et du courage ou de la détermination que des capitaux. Pour les capitaux, il faut savoir qu'aujourd'hui, il y a plus d'argent qu'il n'en faut sur le marché, ce qui manque le plus de nos jours, ce sont les idées d'entreprises, les entrepreneurs et les ressources humaines de qualité.

L'intérêt d'investir dans une entreprise est que d'une part le business a souvent tendance à tourner sans nécessiter la présence du propriétaire du business. En effet, vous ne verrez jamais les propriétaires des banques, des assurances, des grandes écoles dans ces établissements, alors que ces établissements fonctionnent au quotidien et amassent des milliards annuellement. Pour rencontrer la plupart de ces dirigeants d'entreprises, il faut les guetter aux assemblées générales dans les hôtels les plus huppés. D'autre part une bonne entreprise crée de la richesse et beaucoup de richesse à travers les âges et les générations. C'est le cas de Coca Cola qui est une marque déposée datant de 1886, c'est aussi le cas de Colgate Palmolive dont la création remonte en 1806. Les revenus directs et indirects générés par ces entreprises américaines dans le monde depuis leur création sont incalculables. Aussi elles ont survécu à leurs dirigeants et continuent certainement d'entretenir leurs descendants. Plus près de chez nous, ici au Sénégal, la cimenterie Sococim industrie a été créée depuis 1948 et continue aujourd'hui de défier le temps et de faire la fortune de ses propriétaires actuels.

Les grandes écoles privées sénégalaises d'aujourd'hui (ISM, IAM, SUPDECO, BEM etc.)[37] qui font la fierté et la richesse de leurs fondateurs n'étaient que des idées et de la volonté quelques dizaines d'années plus tôt.

Les industries sénégalaises comme SOCOCIM, CSE, SENICO, SEDIMA, PATISEN, SATREC, KIRENE, etc. qui certainement font la fierté et la richesse de leurs propriétaires, n'étaient, elles aussi, que des idées accompagnées d'un investissement de base fait par de véritables capitaines d'industrie.

Mettre le secteur privé dans de bonnes conditions est une excellente source de création, d'insémination et de diffusion de la richesse et de l'emploi. En effet, l'entrepreneur privé en tant qu'individu est plus sensible et plus perméable aux changements qu'un État (gestionnaire) qui a une réalité plus abstraite, plus globale. C'est pourquoi l'individu est souvent meilleur gestionnaire que l'État. Ainsi, en tant que gestionnaire direct, il est plus près de ses intérêts que l'État qui est un gestionnaire indirect de ses sociétés nationales, de ses intérêts stratégiques. C'est pourquoi, l'État qui détient la souveraineté et la puissance publique ne doit être qu'un catalyseur, qu'un promoteur chargé d'assurer à tout entrepreneur les meilleures conditions de réalisation de son projet d'entreprise, de son business. Ainsi, la bonne

[37] Grandes écoles de commerce et de management au Sénégal

privatisation des entreprises publiques ne doit pas susciter de la peur chez nos dirigeants et nos populations. C'est un système qui assurerait à nos entreprises « nationales » plus de flexibilité, plus de transparence, plus d'inclusion et de croissance. La privatisation éviterait aux entreprises nationales les lourdeurs, gaspillages, mauvaises gestions, les ruptures dans le management dont elles sont le plus souvent victimes. Donc nos États doivent valoriser le portefeuille de leurs entreprises publiques ayant un potentiel commercial fort, en confiant la gestion à des entrepreneurs privés nationaux qui ont déjà fait leurs preuves dans les secteurs d'activités concernés et en ouvrant le plus largement possible le capital de ces entreprises par le système de cotation pour faciliter la gestion et le contrôle desdites sociétés. À leur tour ces entrepreneurs nationaux pourront négocier des partenariats stratégiques à l'international pour bénéficier de leur expertise et assurer le développement des entreprises qui leur sont confiées.

C'est le lieu de rendre un vibrant hommage à tous les investisseurs nationaux et étrangers dont les efforts constants et la foi en l'entreprise, souvent au coût d'énormes sacrifices, ont pu assurer à nos économies l'existence d'un tissu industriel, commercial ou de services honorables, malgré la concurrence internationale rude.

2. L'immobilier

L'investissement immobilier constitue aussi un bon créneau. Il consiste en l'acquisition de terrains nus (agricole ou à usage d'habitation), construction, location, revente, etc. Au Sénégal comme un peu partout en Afrique la terre est devenue un enjeu majeur du fait de beaucoup de facteurs : croissance de la démographie, urbanisation, développement de l'industrie mais surtout de l'agro-business, changement des habitudes ou de la tradition, découvertes de ressources minières, etc.

En effet la famille qui jadis se contentait d'une seule concession, d'un champ de cultures vivrières et d'un enclos pour son bétail a aujourd'hui éclaté, elle s'est démultipliée sous l'effet de la croissance démographique et chacun veut aujourd'hui sa maison, son appartement, son champ, son enclos pour son bétail, etc. Les villes aussi se sont développées au point d'envahir les terres de culture et de pâturage, d'où la recrudescence des conflits fonciers de tous genres en Afrique et au Sénégal en particulier au point que le Président Macky Sall, à l'orée de son deuxième mandat a cru bon d'alerter sur le fléau de la spéculation foncière et s'est engagé à sauver les terres agricoles des Niayes[38] d'un tel fléau. Les récurrents conflits de voisinage entre la SOCOCIM[39] et les communes de Rufisque et Bargny, l'installation mouvementée de la cimenterie Dangoté au Sénégal, de l'entreprise SENHUILE dans la région de Saint-Louis et particulièrement dans le village de Mbane, l'implantation de la centrale à charbon de Sendou, le projet d'exploitation du zircon en Casamance, etc. sont autant d'exemples de conflits qui illustrent l'enjeu que représentent aujourd'hui l'occupation et l'exploitation de la terre pour les différents acteurs que sont l'État, les collectivités territoriales, les industriels et les populations.

---

[38] Zone géographique du nord-ouest du Sénégal constituée de dunes et de dépressions propices aux cultures maraîchères. (Wikipédia)

[39] SOCOCIM INDUSTIES est une entreprise cimentière sénégalaise et filiale du groupe français Vicat. (Wikipédia)

Si jadis, la terre était cédée gratuitement pour l'habitation ou la culture, aujourd'hui la terre vaut des millions, des milliards et devient, au regard de son potentiel ou son taux de rendement très apprécié dans certaines villes comme Dakar, un bon créneau d'investissement et d'enrichissement. En effet, partout en Afrique surtout dans les grandes villes, la terre devient de plus en plus inaccessible aux petites bourses.

De nombreux avantages sont liés à la possession d'un bien immobilier. En effet, le fait d'avoir une maison, un appartement à usage d'habitation permet de se soustraire des charges locatives. Ce qui contribue ainsi à améliorer la capacité d'épargne du propriétaire qui pourra réorienter 50 à 60 % de ses charges locatives en investissement.

Mais malheureusement, la plupart d'entre nous ne réfléchissent pas ainsi et dépensent cet argent nouvellement gagné, du fait du passage du statut de locataire à celui de propriétaire, dans les charges d'entretien et d'équipement de la famille. Nous avons plus tendance à nous embourgeoiser en achetant du matériel électroménager énergivore (climatiseurs, des frigos side by side, des chauffe-eau) et je ne sais quoi encore, en somme du mobilier qui va aussitôt alourdir notre facture d'énergie et parfois nous donner de nouvelles affections respiratoires par exemple, plutôt que de faire travailler ce gain supplémentaire en l'investissant pour améliorer notre colonne d'actifs comme nous le recommande Robert Kiyosaki.

Aussi avoir des terrains à usage agricole ou industriel est une autre opportunité qui permet aux détenteurs de tels patrimoines d'être forcément riches, surtout dans un contexte de rareté de la ressource foncière et de course à l'accaparement des terres.

Même si certains diront que l'investissement immobilier est lourd et peu rentable au regard des nombreuses charges fiscales et d'entretien, il n'en demeure pas moins qu'habiter dans sa maison ou posséder des biens immobiliers procurent de nombreux avantages et contribuent à bâtir l'autonomie financière.

Aussi, en Afrique, avoir une maison confère plus de respectabilité dans la société comme dans la famille.

En outre l'investissement immobilier nous permet d'accéder plus facilement au crédit bancaire, grâce à l'hypothèque.

Je parle en connaissance de cause, pour avoir acquis ma première maison à Dakar à crédit en 2007 et y avoir aménagé depuis 2010. Ce qui m'a préservé des charges locatives de plus en plus chères à Dakar où le plus petit appartement (2 chambres + salon) est loué entre 150 000 à 200 000 FCFA. Cette cherté du loyer touche presque toutes les grandes villes africaines et étreint parfois jusqu'à l'étouffement la plupart des pères et mères de famille qui consacrent souvent 50 % de leurs revenus aux charges locatives, sans compter les frais de scolarité et autres charges domestiques (eau, électricité, transport, etc.).

Donc en tant que jeune employé, ayant une certaine capacité d'endettement, cherchez le plus tôt possible soit un terrain à construire ou une maison même si c'est dans la banlieue des capitales africaines, pourvu que cet investissement immobilier ne soit pas trop lourd. Privilégiez une maison à un appartement. Ainsi en 10 ou 15 ans au plus, vous aurez fini de rembourser votre crédit immobilier, vous serez propriétaires et vous aurez le temps de passer à autre chose dans la suite de votre carrière. C'est mieux que de mettre toute sa capacité d'endettement et ses maigres économies dans un bien immobilier en centre-ville et ensuite de passer le reste de votre carrière à payer une dette ou à construire votre première maison.

Sortez de la location le plus tôt possible, quitte à opter pour une location-vente. Et à ce niveau n'écouter surtout pas votre épouse qui, la plupart du temps, trouvera votre future maison très éloignée du centre-ville ou prétextera de la qualité de l'école de vos enfants en ville pour vous décourager à aller habiter en banlieue. La banlieue africaine d'aujourd'hui sera le centre-ville de demain, au regard de la croissance de la démographie et de l'urbanisation galopante. Car la précarité dans sa propre maison en banlieue est préférable au confort dans une maison en location, en centre-villc.

Enfin, dans le temps l'investissement immobilier rapporte gros car pouvant constituer une rente ou pouvant procurer une plus-value exceptionnelle en cas d'appréciation du site. En effet, beaucoup de familles ou personnes avisées ont gagné énormément d'argent en vendant leurs terres agricoles qui se sont appréciées avec l'urbanisation ou l'industrialisation. D'autres aussi ont eu le flair d'acheter des terrains nus en zone urbaine ou péri urbaine, au moment où les prix étaient abordables, et de profiter plus tard de l'aménagement de ces zones dans le cadre de programme de promotion et d'aménagement de zones d'habitat par l'État ou des promoteurs immobiliers, réalisant ainsi des plus-values de plus de 100 % au bout de quelques années. J'ai vu dans la banlieue de Dakar des terrains passer de 3 000 000 à plus de 30 000 000 en l'espace de 7 ans du fait surtout de la construction d'une autoroute à péage permettant de relier ces zones au centre-ville de Dakar en 30 minutes.

Donc la terre à usage d'habitation, agricole ou commercial, est un actif dont la possession ou l'exploitation favorise la richesse et conduit à l'autonomie financière. En outre, c'est un bien qui se valorise avec le temps, hypothécable et transmissible aux héritiers.

3. Les valeurs mobilières

Il faut noter qu'à côté de l'entreprise et de l'immobilier, la constitution d'un patrimoine ou portefeuille d'actifs ou de valeurs mobilières est un des moyens les plus accessibles pour favoriser la richesse. Les valeurs mobilières renvoient ici aux actions, aux obligations et aux OPCVM.

a- Les actions

Une action représente un droit de propriété ou un titre de participation dans une société ou entreprise. Les actions offrent à leurs détenteurs les droits suivants : le droit de vote à l'assemblée générale des actionnaires, le droit au bénéfice en cas de distribution de dividendes et le droit à l'information à travers les documents sociaux, les rapports trimestriels et annuels, les résolutions lors des assemblées générales. Ainsi, en achetant une action d'une entreprise, vous devenez automatiquement copropriétaire de cette entreprise. Autrement dit, tous les employés de cette entreprise travaillent pour vous, vous devenez leur patron grâce à votre investissement dans l'actionnariat de cette entreprise. À titre d'exemple, si vous achetez des actions de TOTAL Côte d'Ivoire ou TOTAL Sénégal, du pompiste au transporteur du carburant en passant par le gérant de la station, les laveurs, ceux qui font la vidange deviennent tous vos employés. Vous me direz comment ? Eh bien tout simplement parce que tout ce personnel œuvre pour augmenter le chiffre d'affaires de Total qui par conséquent générera un plus grand bénéfice dont une partie sera redistribuée aux actionnaires, donc aux investisseurs dans l'action TOTAL SN ou TOTAL CI. Acheter des actions est un moyen de faire travailler son argent comme nous l'enseigne Robert Kiyosaki. On n'a pas besoin de travailler dans ces entreprises pour en tirer profit, il suffit juste d'en devenir actionnaire pour recevoir des dividendes en cas de distribution de bénéfices ou de gagner des plus-values en cas de hausse du prix des actions (cours) sur le marché. Et ces dividendes peuvent servir à acheter du carburant pendant toute l'année pour votre véhicule personnel et à assurer l'entretien ou les réparations de cette voiture.

Il faut noter qu'au niveau des entreprises cotées en bourse, le respect des droits des actionnaires est une exigence des autorités boursières et cela fait partie des critères d'éligibilité ou d'admission à la BRVM. Ainsi, en visitant le site de la BRVM, on accède facilement aux informations ayant trait aux convocations à des assemblées générales des entreprises cotées, aux bénéfices ou pertes réalisés par celles-ci, aux montants des dividendes et leurs échéances de paiement en cas de distribution. On y trouve également des informations relatives aux changements d'administrateurs et de tous autres événements affectant positivement ou négativement la vie desdites entreprises. En bourse il n'y a pas de sujets tabous pour les investisseurs. Ainsi en plein contexte de crise sanitaire de la COVID – 19, la BRVM a cru bon de rappeler aux entreprises cotées le respect de l'instruction II – C relative à la divulgation d'informations en vue d'informer le public sur « (...) tout fait nouveau ou modification concernant leurs activités, susceptible d'influer de manière significative sur le cours de bourse de la valeur inscrite. »[40] Ceci permet aux actionnaires de participer indirectement à la gestion desdites entreprises, d'être informés de façon continue de l'activité des entreprises cotées, aux investisseurs en bourse de se positionner ou d'anticiper sur leurs projets d'investissement ou de désinvestissement. Pour voir la différence entre une entreprise cotée en bourse et une entreprise non cotée, il suffit de comparer leurs projets de résolution.

L'avis d'information de la SONATEL du 20 mars 2020 relative, entre autres, à la modification de son objet social participe de l'exercice du droit à l'information des actionnaires par respect à l'instruction n° 29/2001 du CREPMF relative aux informations à diffuser par les sociétés cotées en bourse.

En somme, rien presque, dans la vie des entreprises cotées n'échappe au public, aux actionnaires, à l'opposé des entreprises non cotées en bourse où l'information est tenue secrète ou partagée entres quelques personnes privilégiées, le plus souvent siégeant dans le Conseil d'administration des dites entreprises.

C'est pourquoi, je considère les actions des entreprises non cotées comme des actions dormantes, là où les actions des entreprises cotées sont de vraies pépites qui, de par leur dynamisme, profitent à la fois, aux entreprises cotées, à leurs actionnaires, au marché et à l'économie de façon générale. À

[40] Avis n° 045 – 2020/BRVM/DG du 14 avril 2020

l'opposé, les actionnaires des entreprises non cotées, qui ne sont pas des administrateurs desdites entreprises, baignent souvent dans le flou total en termes d'informations, ou se contentant juste des bribes d'informations que les administrateurs jugent utiles de porter à leur connaissance. Aussi ces actionnaires ne profitent pas de tout le potentiel que leur confèrent leurs actions en termes de dividendes, de plus-values ou de valorisation boursière. C'est pourquoi il faut encourager la cotation des entreprises afin de faire participer tout le monde à la gestion des entreprises, de structurer davantage nos économies et faire profiter nos Etats, nos entreprises et même les particuliers de tout le potentiel de financement et d'investissement que leur offre la bourse en général et la BRVM en particulier. À titre d'exemple, une action cotée a tendance à fluctuer positivement ou négativement en fonction des performances de l'entreprise, alors qu'une action non cotée reste statique et insensible à l'activité de l'entreprise. Ainsi, les actions cotées sont connectées à l'activité de leurs entreprises, alors que les actions non cotées sont déconnectées de l'activité de leurs entreprises.

b- Les obligations

Une obligation est un titre de créance. L'investisseur qui achète une obligation acquiert un titre de créance représentant une fraction d'un prêt consenti à l'émetteur ou emprunteur qui peut être un État, une collectivité territoriale, une entreprise publique ou privée. En plus du remboursement du montant de l'obligation à l'échéance, l'investisseur (prêteur) reçoit de l'émetteur (emprunteur) un versement d'intérêts fixes ou coupons à intervalles réguliers.

Le remboursement du capital investi intervient souvent à l'échéance de l'obligation (prêt).

C'est un investissement moins risqué par rapport aux actions. L'investissement sur les obligations en bourse est considéré comme de l'épargne plus rémunératrice que celui que les banques nous proposent. Car, les taux d'intérêt des obligations dans la zone UEMOA qui se situent entre 5,5 % à 8 % sont plus intéressants que le taux d'intérêt des comptes d'épargnes simples des banques qui sont rémunérés entre 3 % et 4 % au plus par an.

C'est aussi un investissement presque sans risque, c'est pourquoi le portefeuille des fonds communs de placement (FCP) compte souvent plus d'obligations que d'actions, afin d'amoindrir les risques liés à la fluctuation du cours des actions. Les compagnies de retraite, les assurances et les fonds d'investissement privilégient aussi ce type de produit financier pour son caractère profitable et presque sans risque.

Ainsi, les émissions d'obligations de plus en plus nombreuses sur le marché de la BRVM sont une bonne opportunité de placement qui non seulement offrent des taux d'intérêts très intéressants (5,5 à 8 %), mais aussi le risque de perte sur ce compartiment est nul. Toutefois, les gains étant limités et liés à des échéances, pour y gagner des revenus substantiels à chaque échéance, le capital d'investissement doit être élevé et ce, d'autant plus que les coupons de souscription sont chers (10 000) FCFA en moyenne.

Ainsi, en dehors des Etats dont l'émission d'obligation est devenue un mode de gestion courant de leurs problèmes de trésorerie, les entreprises aussi émettent souvent des obligations soit pour restructurer leurs dettes

(NSIABANK)[41], soit pour financer leurs investissements (SONATEL)[42].

c- *Les organismes de placement collectifs en valeurs mobilières (OPCVM)*

Un investisseur en bourse a le choix entre gérer lui-même, directement, son portefeuille de titres, ou confier la gestion de ce dernier à des professionnels. Dans le premier cas, on parle de gestion de portefeuille libre, alors que dans le second on parle de gestion collective des fonds pratiquée par les OPCVM. Dans le premier scénario, l'investisseur constitue lui-même son portefeuille de titres en achetant directement des actions, des parts de FCP (fonds communs de placement) ou de SICAV (société d'investissement à capital variable). Dans le second cas, il délègue la gestion de son portefeuille à des professionnels ou courtiers en bourse, à charge pour ces derniers de lui faire des placements. Les SICAV et FCP constituent les OPCVM. Les FCP et les SICAV sont des fonds d'investissement collectifs qui permettent de gérer des placements financiers (valeurs mobilières). Toutefois ces deux types de fonds d'investissement, même s'ils poursuivent les mêmes objectifs à savoir, entre autres mobiliser l'épargne et la faire fructifier au bénéfice des souscripteurs, présentent quelques différences. En effet, la SICAV est considérée comme une société anonyme, elle émet des actions que l'on peut acquérir. Un investisseur dans

[41] Fonds commun de titrisation de créances FCTC NSIA BANQUE 7% 2020 – 2025 par appel public à l' épargne du 7 février au 6 mars 2020 qui a permis à NSIABANK SA de lever 40 milliards de FCFA.

[42] Emprunt obligataire par appel public à l'épargne du 15 juin 2020 dénommé « SONATEL 6.50 % 2020 – 2027 » d'un montant 100 milliards de FCFA.

une SICAV en devient un actionnaire et dispose du droit de vote lors des assemblées générales. Dans le cas du fonds commun de placement (FCP), l'investisseur n'est pas considéré comme un actionnaire, mais plutôt comme un porteur de parts. Il est copropriétaire d'un ensemble de valeurs mobilières ou panier de titres, proportionnellement à sa contribution. Le FCP n'est pas une société anonyme. À ce niveau, il faut relever aussi qu'il y a des FCP d'entreprises qui sont « publics » et d'autres qui sont « privés ». Pour les premiers, ils sont accessibles à tous les investisseurs, alors que pour les seconds, ils sont réservés au personnel spécifique d'une organisation ou d'une entreprise. Les FCP sont de plus en plus utilisés par les entreprises pour la constitution d'une retraite complémentaire pour leurs travailleurs. Au niveau de la société de gestion CGF BOURSE par exemple, on trouve plus d'une dizaine de FCP disponibles sur son site et dont on peut citer quelques-uns : actions pharmacie, Al baraka, Sonatel, le Djolof, Retraite, Diaspora, etc. Ces FCP sont ouverts et accessibles au public.

Les SICAV et les FCP représentent des portefeuilles de valeurs mobilières gérés par des spécialistes appartenant à une banque ou à un établissement financier (SGI) et constitués avec les fonds des souscripteurs ou investisseurs. Les avantages de ces véhicules d'investissement (SICAV et FCP) sont leur simplicité de gestion pour les investisseurs non spécialistes et la répartition du risque boursier quant à la détermination des actifs qui les composent.

En effet, si on n'a pas le temps d'apprendre et de suivre au quotidien l'évolution des marchés boursiers, d'analyser le potentiel des actions et obligations cotées en bourse, quoi de plus normal que de confier son investissement à un fonds mutuel géré par des professionnels, dont la bourse est le métier ; ceci, pour se prémunir des risques et profiter des retombées de leur investissement. Pour ce faire il faut recourir aux organismes de placement agréés par la BRVM.

Toutefois, l'investissement dans une SICAV ou un FCP n'est pas une garantie à 100 % de retour sur investissement. En effet la rentabilité d'une SICAV ou d'un FCP dépend, en grande partie, de la perspicacité, du professionnalisme des gestionnaires de ces fonds et des frais de gestions de ces fonds d'investissement. C'est pourquoi en comparant certaines SICAV ou FCP on relève que certains sont plus rentables que d'autres, ce qui renseigne sur le flair ou la perspicacité des gestionnaires qui sont derrière ces fonds d'investissement.

Quoi qu'il en soit, les OPCVM demeurent de bons créneaux pour les investisseurs patients, ceux qui n'ont pas le temps de suivre l'évolution des cours et de gérer leur portefeuille et surtout ceux qui ne veulent pas prendre trop de risques.

Donc on peut gagner de l'argent en achetant, auprès des courtiers en bourse, des actions de SICAV ou des parts de FCP. Leurs taux de rendement peuvent être plus intéressants que les taux de rendement des comptes d'épargne des banques ou des assurances, en plus le risque y est moins important qu'en investissant directement sur des actions sur le marché boursier. En effet, l'investissement direct sur des actions offre plus de possibilités de gain, toutefois le risque de dépréciation aussi y est plus important.

Donc en plus de la création d'entreprises et de l'investissement dans l'immobilier, la constitution d'un portefeuille d'actifs ou de valeurs mobilières représente, en ce moment, le moyen le plus simple et le plus rapide d'accéder à la richesse, à l'autonomie financière.

À ce titre, pour régler ce problème d'investissement qui se fait ici souvent par procuration (famille, belle famille, amis), Robert Kiyosaki, nous recommande : « de nous occuper de nos propres affaires. » C'est-à-dire gérer directement notre business. Et ceci est possible aujourd'hui pour les nationaux et les immigrés grâce notamment à la bourse. En effet, on peut investir en bourse en Europe, aux Amériques, en Asie, en étant au Sénégal, au Burkina Faso, au Bénin, au Niger, etc.

De la même façon aussi, on peut investir en bourse en Afrique en vivant hors de l'Afrique, ce qui est le cas de nos nombreux compatriotes de la diaspora. Et l'intérêt de l'investissement en bourse avec les plateformes modernes existantes via le compte titre, c'est que vous investissez en direct et en temps réel. Donc, ne vous appauvrissez plus en investissant dans des secteurs d'activités que vous ne maîtrisez pas, que vous ne pouvez pas contrôler.

Par exemple investir dans le transport alors qu'on ne maîtrise pas les tarifs pratiqués, encore moins les circuits. Investir dans l'aviculture alors qu'on n'a pas les moyens de contrôler physiquement l'activité et la commercialisation. Investir dans l'immobilier sans pouvoir faire la différence entre un terrain immatriculé et un terrain non immatriculé avec toutes les conséquences qui découlent de leur mode de gestion et d'exploitation.

Cette quête d'opportunités d'investissement en bourse m'a conduit dans un premier temps à l'international, à travers des recherches sur Internet, à propos des plateformes boursières et malheureusement pour moi, toutes ces plateformes : ETORO, Metatrader, Avatrade, Admiral Markets, Alvexo, etc. ne parlaient pas de mon environnement immédiat qu'est l'Afrique et proposaient surtout des produits financiers dérivés tels que les cryptomonnaies, le Forex et les CFDS. En plus elles exigeaient l'ouverture d'un compte associé dans un pays européen.

Cette recherche sur le trading en ligne m'a appris beaucoup de choses que je méconnaissais, notamment les produits et le langage boursiers. Toutefois, l'absence d'interlocuteur réel, de contact physique avec mes interlocuteurs et de garanties juridiques m'a contraint à ne pas m'y aventurer, et ce, grâce encore aux enseignements pertinents de Robert Kiyosaki qui nous conseille l'apprentissage et la connaissance avant tout investissement.

Il fallait alors, à côté des véhicules d'investissements classiques que sont les activités agricoles, commerciales et immobilières, explorer l'investissement en bourse comme le recommande Robert Kiyosaki.

Ainsi, sur le conseil d'un usager qui travaillait à Ecobank et qui était de passage à mon bureau et avec qui j'ai discuté de la situation des actions Ecobank ETI[43] que j'avais acquises des années plus tôt en 2006 et dont j'étais sans nouvelles depuis, il m'a parlé du marché de la BRVM[44] et

[43] Ecobank ETI (Ecobank Transnational Incorporated) fondée au Togo en 1985, le Groupe Ecobank est présent dans 36 pays d'Afrique de l'Ouest, Centrale et de l'Est. Elle a été introduite en 2006 simultanément à la Nigéria Stock exchange de Lagos, le Ghana Stock exchange d'Accra et la BRVM d'Abidjan.

[44] Bourse régionale des valeurs mobilières, marché boursier commun aux pays membres de l'Union économique et monétaire ouest-africaine (UEMOA)

d'une SGI[45] de la place où je pourrai ouvrir un compte titre et suivre directement mes investissements.

Pour la première fois, j'entendais parler de cet instrument au Sénégal, même si le nom de la SGI évoquée en discussion, CGFBOURSE[46], m'était familier. Alors j'ai entamé les démarches pour l'ouverture du compte titre, d'abord en ligne et cela n'a pas abouti. Je me suis ensuite rendu à leur agence et sur place, j'ai enfin pu réaliser mon rêve : ouvrir mon compte titre avec un versement initial de deux cent cinquante mille francs (250 000) CFA.

Et je l'avoue : j'étais très surpris de découvrir un instrument financier si important et si accessible qui, pourtant, était inconnu du grand public et même de beaucoup de personnes pourtant exerçant dans la haute finance (banques, assurances).

Cet investissement de base m'a permis d'acheter mes premiers actifs en bourse constitués d'actions : SONATEL, TOTAL SENEGAL et VIVO ENERGY CI et d'expérimenter ainsi directement, par moi-même, les riches enseignements tirés de l'ouvrage *Père riche, Père pauvre* de Robert Kiyosaki à savoir : « Si vous voulez être riche, passez simplement votre vie à acheter des actifs. »[47]

Avec le temps, j'ai appris à maîtriser cet outil formidable d'investissement qu'est le compte titre, à m'intéresser aux activités économiques des entreprises cotées en bourse dans

---

[45] Société de gestion et d'intermédiation : ce sont des courtiers agréés en bourse

[46] Société de gestion et d'intermédiation en bourse sénégalaise fondée par Feu Gabriel Fall. Elle a été sacrée meilleur SGI de la BRVM en 2019.

[47] « Père riche, père pauvre », ROBERT KIYOSAKI Nouvelle édition 20e anniversaire, 2017 page 84

la sous-région et même au-delà, à être plus attentif à l'actualité politique et économique nationale et internationale. Au-delà, j'ai commencé, avec mon nouveau regard d'investisseur en bourse, à m'intéresser, entre autres, à la bourse du Maroc, au CAC 40 et au S&P 500, à la bourse de Toronto au Canada (TSX), etc.

Et curieusement la pratique de l'investissement en bourse par la gestion libre de mon compte titre m'a amené, après avoir remarqué la faible culture financière de mon entourage immédiat qui est pourtant plein de « cadres supérieurs en économie et en finances » à commencer à former ceux — là dans l'investissement en bourse.

De nos jours, l'investissement en bourse est ouvert et très accessible. C'est à la portée de tout le monde, jeunes et vieux. En effet, tout le monde peut investir en bourse ici en Afrique notamment dans l'espace UEMOA[48] grâce à la bourse régionale des valeurs mobilières (BRVM) dont le siège est à Abidjan en Côte d'Ivoire et à son réseau de sociétés de gestion et d'intermédiation (SGI) et autres structures agréés implantées, en nombre, dans les autres pays membres de l'UEMOA.

Cet investissement en bourse, sur des entreprises opérant en Afrique peut être réalisé aussi bien par les nationaux que par les étrangers notamment par l'importante communauté d'émigrés de la diaspora et ce, en toute sécurité et entièrement en ligne grâce au développement du digital. Cela leur permettra ainsi de participer, sous une autre forme, au développement des économies de leurs pays respectifs, en

---

[48] Union économique et monétaire ouest-africaine qui regroupe 8 pays (Bénin, Burkina Faso, Cote d'Ivoire, Guinée Bissau, Mali, Niger, Sénégal et Togo).

prenant des parts de participation dans les entreprises cotées en bourse et pourquoi pas de diversifier leurs sources de revenus, de préparer leur reconversion ou une bonne retraite en Afrique. Et ce, d'autant plus qu'ils ont l'avantage de la parité entre le FCFA et les devises de leurs pays d'immigration qui sont plus chers : euro, dollar…

III. Est-ce qu'on peut investir en bourse en Afrique ?

Pour investir en bourse, quel que soit le marché, et notamment sur le marché de la BRVM, il faut ouvrir un compte titre. C'est l'outil qui permet d'investir en toute autonomie en bourse. Et de plus en plus l'ouverture des comptes se fait en ligne, donc pas besoin de se déplacer. Ainsi, on peut être en France, au Maroc, au Cameroun, au Gabon, au Canada, en Chine, en Australie, ouvrir un compte titre au Sénégal, en Côte d'Ivoire, au Burkina Faso, au Niger, bref dans n'importe quelle SGI des pays membres de l'UEMOA et investir en toute autonomie et en toute sécurité sur le marché boursier de la BRVM. Si vous êtes dans un pays étranger avec une devise forte (Euro, Dollar…) par rapport au FCFA, vous aurez des capacités d'investissement plus importantes que nous les résidents de la zone UEMOA. Alors pourquoi ne pas en profiter surtout si vous êtes un émigré malien, togolais, béninois ou n'importe quel Africain. Ainsi, vos fréquents séjours « au pays »[49] pourraient facilement être financés par le produit de vos actifs, aussi vous pourriez constituer un bon capital de

[49] Expression pour parler du retour en vacance des immigrés dans leur pays africain d'origine.

retraite. Au passage vous aurez réglé votre hantise du retour et de la reconversion dans votre pays d'origine.

À l'image du compte courant bancaire qui nous permet d'effectuer des opérations de crédit et de débit, le compte titre est également un compte courant en bourse qui permet d'enregistrer des opérations de débit et de crédit de fonds, mais en plus il permet de conserver et d'échanger des valeurs mobilières ou titres (actions, obligations, fonds communs de placement). C'est pourquoi on parle de compte portefeuille en bourse. Plus qu'un simple compte courant, je dirai que le compte titre est une véritable banque en ligne, une plateforme accessible aux clients investisseurs au moyen d'un Login ou identifiant et d'un Mot de passe fournis à l'occasion de l'ouverture du compte par les sociétés de gestion ou courtiers en bourse. Ici le client devient son propre gestionnaire de compte ce qui lui permet, en toute autonomie de faire des opérations de dépôt de fonds, de retrait, d'achat et de vente de titres, d'analyse de compte et d'édition de relevés en toute autonomie. Au niveau des pays membres de l'UEMOA, le compte titre peut être ouvert dans une banque agréée et plus généralement auprès des sociétés de gestion et d'intermédiation (SGI). Et à ce niveau, il faut s'assurer que votre SGI ou banque agréée dispose d'un compte titre fonctionnel, c'est à dire facile d'accès et interactif, pour profiter pleinement de la bourse. Car en bourse, le temps est un facteur déterminant. Au niveau de la BRVM le marché des cotations ouvre à 9 heures — 9 h 15 mn et clôture à 15 heures GMT, or les choses intéressantes se passent le plus souvent entre 9 heures et 11 heures, d'où l'intérêt d'avoir une bonne plateforme de trading, en vue de profiter pleinement des opportunités du marché de la BRVM.

L'autre intérêt de l'investissement en bourse, c'est que vous pouvez en 15 mn faire votre « marché », autrement dit passer un ou plusieurs ordres d'achat ou de vente de titres et continuer le cours normal de vos activités quotidiennes. Ainsi le temps précieux que nous perdons sur les réseaux sociaux (WhatsApp, Facebook, Tik Tok, Likee etc.) peut être mis à profit pour se former ou investir en bourse.

Le compte titre remplit trois fonctions : c'est à la fois un compte courant, un compte d'épargne et un compte d'investissement.

C'est pourquoi celui qui ouvre un compte titres, sans s'en rendre compte, vient de créer une entreprise sans les formalités classiques d'usage.

Le compte titre est, en effet, un compte courant car il enregistre, comme le compte courant bancaire, des opérations de crédit (dépôt de fonds, encaissement de dividendes) et des opérations de débit (retrait, achat de titres) que l'on retrouve notamment au niveau de la rubrique « disponible ».

C'est aussi un compte d'épargne, dans la mesure où il nous permet de garder notre argent, même si l'épargne n'est pas ici rémunérée. Ce rôle est toujours rempli par la rubrique « disponible », car épargner, revient simplement à mettre de l'argent de côté, que ce soit dans un compte bancaire, dans sa valise ou son armoire, peu importe que ce dépôt soit rémunéré ou pas.

Enfin, le compte titre est essentiellement un compte d'investissement. En effet l'argent qui y est déposé peut être utilisé pour acheter soit des actions, soit des obligations, soit des fonds communs de placement (FCP), en toute simplicité, sans avoir à faire la queue comme dans les banques. Il suffit d'un clic, dans le secret de son bureau, de son commerce ou à la maison. Cette fonction est remplie par la rubrique « portefeuille » qui enregistre les différents titres qu'on acquiert sur des lignes. Le portefeuille est sensible aux variations des cours du marché, alors que le disponible reste insensible aux dites variations.

À titre d'illustration, voici ce à quoi ressemble le portefeuille d'un compte titre :

TYPE	TITRE	QUANTITE	CMP	COURS	+/- Value	MONTANT	PASSER UN ORDRE
ACTION	**BOA BN**	100	3 400	3 500	10 000	350 000	⊕ ⊖
ACTION	**BOA BF**	150	3 200	3 100	- 10 000	465 000	⊕ ⊖
ACTION	**SONATEL SN**	75	12 500	12 735	17 625	955 125	⊕ ⊖
ACTION	**TOTAL CI**	150	1 400	1 200	- 30 000	180 000	⊕ ⊖
ACTION	**TOTAL SN**	150	1 225	1 225	-	183 750	⊕ ⊖
FCP	**FCP AL BARAKA**	500	1 028	1 072	22 000	536 000	
OBLIGATION	**FCTC NSIABANK 7% 2020 - 2025**	75	10 000	10 000	-	750 000	
				Total portefeuille		**3 419 875**	
				Total liquidité		135 000	
				Liquidité disponible		**135 000**	
				Liquidité réservée		-	
				Total général		**3 554 875**	

Nota : Ce type de portefeuille est celui utilisé par la SGI CGF Bourse. D'autres SGI ont d'autres types de portefeuille. L'essentiel est que le portefeuille proposé puisse ressortir la situation du compte titre et qu'il soit facile à comprendre.

Total portefeuille : C'est le montant total de la valeur des actions, obligations, FCP et SICAV en portefeuille.

Total liquidité : C'est la somme totale de la liquidité disponible et de la liquidité réservée.

Liquidité disponible : c'est le compte courant à vue, il affiche le solde disponible. Cette somme est récupérable à la demande du client, soit par chèque soit par virement.

Liquidité réservée : compte transitoire qui recueille les montants destinés à couvrir un achat de titre ou la liquidité résultant d'une vente de titre non encore disponible. À la BRVM, les titres sont livrés à J + 5, mais l' argent issu des ventes est disponible à J + 3.

Total Général : c'est la somme totale des titres et de la liquidité. Autrement dit, c'est le solde du compte titre au temps T.

Le compte titre est un véritable compte en ligne qui est disponible 24 h/24 partout dans le monde et permet à son détenteur, à l'aide d'un ordinateur ou d'un smartphone avec une connexion Internet, en direct : de consulter son solde, de passer des ordres d'achat ou de vente de titres, de tirer ses relevés, de surveiller l'état d'exécution de ses ordres, de surveiller ses investissements et de mesurer ses performances et contre-performances, etc.

On peut effectuer aussi des virements (retraits ou versement) de son compte titre, vers ses autres comptes bancaires, par simple mail.

Malheureusement la plupart des personnes que j'ai rencontrées, dans le cadre de mes formations, avaient déjà un compte titre sans connaître tout le potentiel de ce formidable outil d'investissement. Ils croyaient que le compte titre ne servait que pour recevoir des dividendes. J'en ai fait l'expérience avec l'une de mes épouses et un camarade de promotion qui avaient des comptes titres depuis des années notamment à l'occasion de la campagne de souscription des actions de TOTAL Sénégal en 2014 et qui n'ont jamais utilisé leur compte jusqu'en 2019, se contentant juste d'aller prendre les dividendes qu'on leur versait. Pendant tout ce temps, ils n'ont pas pu diversifier leurs investissements, encore moins profiter des plus-values générées par leurs actions. Aujourd'hui, après avoir pris connaissance de toutes les fonctionnalités de leur compte titre, ils ont continué à investir, en diversifiant leur portefeuille et à cueillir des plus-values à chaque fois que celles-ci sont intéressantes.

Beaucoup d'autres investisseurs sénégalais qui ont des actions SONATEL (Orange) ou TOTAL SN ont des comptes titres sans savoir leur utilité. C'est comme avoir un smartphone qu'on n'utilise que pour émettre et recevoir des appels, donc sans jamais explorer les autres fonctionnalités de tels appareils téléphoniques. Le manque de formation que les SGI devraient combler à l'endroit de leurs clients en est la principale explication ou cause, d'où l'intérêt de former, plutôt que d'informer les nombreux investisseurs en bourse. Ce qui encouragerait l'investissement en bourse et permettrait de libérer tout le potentiel des investisseurs en

Afrique. En effet, c'est une bonne formation et un accompagnement rassurant qui attireront les investisseurs et les feront rester le plus longtemps en bourse. Car dans l'investissement en bourse, en plus de la gestion du risque qui est inhérent à cette activité, il faut combattre les préjugés défavorables et la désinformation de la population.

Les conditions d'ouverture du compte titre varient d'une SGI à une autre. Mais un dépôt initial est toujours nécessaire pour pouvoir faire fonctionner le compte titre, donc faire ses premiers investissements en bourse. Au Sénégal, par exemple une SGI comme CGFBOURSE exigeait un dépôt minimum de 111 700 pour l'ouverture d'un compte titre. Les 100 000 sont positionnés directement dans la rubrique « Liquidité disponible » de votre compte nouvellement créé, montant qui va être utilisé pour l'acquisition de vos premiers titres. Les 11 700 sont des frais d'ouverture de compte. Ainsi, vous pourrez commencer en toute autonomie ou avec l'aide de votre conseiller vos premiers achats de titres ou investissements avec ce dépôt initial.

Au-delà des frais d'ouverture, il faut s'intéresser aux frais de gestion et à la qualité de service de la SGI. À ce titre il faut voir les conditions de facturation des ordres, les frais de gardes. Mais surtout s'assurer de la qualité de la plateforme en termes de réactivité, de disponibilité, de simplicité et de possibilité d'analyse de l'activité d'investissement.

Donc le trading est aujourd'hui une réalité en Afrique, notamment sur le marché boursier de la BRVM.

En effet, quand on parle de bourse, la plupart des Africains en général, des Sénégalais en particulier pensent à l'étranger, croyant qu'il n'y a pas de bourse en Afrique, encore moins dans leur pays. Ce qui est tout à fait faux. En effet, la BRVM constitue un véritable marché boursier, fonctionnant quasiment sur le modèle des places boursières européennes et américaines, donc une bourse aux modèles et standards internationaux. Le trading est une réalité au niveau de la BRVM. Il existe, deux types de trading selon mon expérience auprès d'une SGI de la place : le trading physique et le trading en ligne.

1. Le trading physique ou indirect

Je dirai que c'est le trading des analphabètes en bourse. Il consiste, pour les non-initiés à recourir aux conseillers des SGI pour acheter ou vendre des titres. Dans ce type de trading, le conseiller fait tout à votre place, parce que vous ne savez pas utiliser la plateforme du trading en ligne, vous n'êtes pas autonome. C'est un trading opératoire certes, mais très contraignant, car dépendant de la disponibilité des « conseillers ». En effet c'est un trading « physique et indirect », contrairement au trading direct en ligne. C'est un trading qui serait plus adapté à nos opérateurs et opératrices économiques du secteur dit « informel » qui génèrent énormément de cash. Nos papas commerçants et nos mamans vendeuses de légumes ou de tissu, pour investir, pourraient ainsi utiliser ce mode de trading pour sauver une partie de l'important cash que leurs activités économiques génèrent. S'ils ne sont pas à l'aise avec les nouvelles technologies, ils ont des enfants ou des neveux qui pourraient les assister dans leur investissement en bourse, en utilisant ce système de trading que j'appelle « physique ». C'est impératif que ce pan important des acteurs et actrices de nos économies découvre et comprenne la bourse qui pourrait les aider à se constituer au moins une retraite, en investissant au-delà des actions et des obligations, dans des fonds communs de placement (FCP). C'est mieux que les tontines qui ne génèrent aucun rendement et comportent énormément de risques liées aux garanties du gestionnaire de la tontine qui a souvent tendance à disparaître avec les fonds qui lui sont confiés, laissant les épargnants dans le désarroi total.

2. Le trading direct

Il s'agit ici, de la gestion autonome ou libre du compte titre par le titulaire, sans l'intermédiaire physique des conseillers. En effet, le compte titre fourni, en général, par les sociétés de gestion et d'intermédiation (SGI) permet aujourd'hui d'acheter et de vendre des actions en ligne, en toute autonomie, quel que soit l'endroit où on se trouve dans le monde. Il suffit juste d'avoir un ordinateur ou un téléphone portable et une bonne connexion Internet. C'est comme envoyer de l'argent ou payer sa facture via orange money ou tout autre opérateur. Il permet également d'approvisionner et de retirer de l'argent en ligne, ce qui est une innovation majeure. Et une telle innovation mérite d'être portée à l'attention du public, notamment de tous ceux qui veulent investir en bourse en Afrique. Aussi ces services financiers nouveaux sont très accessibles car n'étant pas très onéreux, contrairement à la plupart des services offerts par les banques de la zone UEMOA : frais de tenue de compte, sms banking, assur compte, relevés, certificats de non-engagement, etc. Ici en dehors des frais d'ouverture de compte, il y a des frais sur les ordres et des frais de garde. La messagerie, la consultation du compte et l'impression des relevés ne sont pas payantes.

Après avoir appris ce qu'est la vraie richesse à travers les véhicules d'investissement que sont : l'entreprise, l'immobilier et la possibilité d'investir en bourse en Afrique grâce au marché boursier de la BRVM, il est temps de voir de plus près l'un des moyens nous permettant facilement d'accéder à cette autonomie financière que Robert Kiyosaki nous promet.

Ainsi, pour investir en bourse il faut apprendre à connaître : le marché boursier, les intermédiaires ou ceux qui nous permettent d'accéder à la bourse, les produits financiers ou ce que l'on gagne en investissant en bourse, les risques liés à l'investissement en bourse et surtout comment bien investir en bourse.

DEUXIEME PARTIE

L'INVESTISSEMENT EN BOURSE EN AFRIQUE

Chapitre 1

La Bourse régionale des valeurs mobilières (BRVM)

I. COMMENT INVESTIR A LA BRVM ?

La bourse se développe de plus en plus en Afrique. En dehors des célèbres marchés boursiers sud-africain[50], nigérian[51] et marocain[52], d'autres places financières émergent en Afrique. C'est le cas, entre autres, de la Bourse du Ghana[53] et de la Bourse régionale des valeurs mobilières (BRVM). Ayant appris à investir en bourse au Sénégal notamment sur le marché de la BRVM, via la plateforme de CGF Bourse, c'est de l'investissement en bourse au niveau de la BRVM qu'on va parler particulièrement dans cette seconde partie du livre, ceci afin de pouvoir lever les nombreuses craintes et fausses idées que les gens se font de la bourse. Sachez dès à présent qu'investir en bourse est vraiment à la portée de tout le monde et de toutes les bourses.

---

[50] La Johannesburg Stock Exchange (JSE) est la plus grande bourse d'Afrique. Elle a été créée le 08 novembre 1887 (source Le Guide Boursier.com)

[51] Nigerian Stock Exchange est la principale bourse du Nigéria. Elle a été créée en 1960 sous la dénomination de Lagos Stock exchange

[52] Bourse des valeurs de Casablanca (BVC).Elle date de 1929. C'est la première bourse du Maghreb et compte plus de 70 entreprises cotées.

[53] Ghana Stock Exchange (GSE) a été constituée en juillet 1989.

Ce n'est vraiment pas sorcier. Aussi le principe est presque le même sur toutes les places financières modernes du monde entier. Il suffit de pratiquer un marché aux normes pour pouvoir investir en bourse partout dans le monde.

En outre, il existe aussi de nombreuses plateformes d'investissement en ligne qui proposent le trading sur les marchés financiers internationaux et notamment sur de nouveaux produits financiers tels que le Forex[54], les Crypto monnaies[55], les produits financiers dérivés comme les ETF[56] et les CFD[57].

Toutefois, il faut faire très attention à cette inflation de places boursières et de plateformes d'investissement en ligne qui se créent un peu partout dans le monde. En effet, la plupart de ces plateformes ne présentent pas suffisamment de garanties sécuritaires et juridiques surtout, pour pouvoir faire valoir ses droits en cas de contentieux.

C'est pourquoi il est recommandé, par mesure de prudence, d'investir à travers des organismes et des plateformes reconnues ou agréés par des organisations

---

[54] Le Forex ou marché des changes est le marché sur lequel les devises dites convertibles sont échangées l'une contre l'autre à des taux de change qui varient en permanence. (Wikipédia)

[55] Cryptomonnaie c'est une monnaie émise de pair à pair, sans l'intervention d'une banque centrale et utilisable au moyen d'un réseau informatique décentralisé

[56] ETF exchange traded funds ou trackers en français. Ce sont des parts de fonds indiciels cotées en bourse et négociables auprès d'un intermédiaire financier.

[57] CFD contract for différence en anglais et littéralement en français ' « contrat sur différence ». Ce sont des instruments financiers dérivés qui permettent de réaliser des profits grâce à la variation à la hausse du cours du sous-jacent.

financières telles que l'autorité des marchés financiers (AMF) en France ou le Conseil régional de l'épargne publique et des marchés financiers (CREPMF) au niveau des pays membres de l'UEMOA.

Comment fonctionne la bourse ?

Quand une entreprise a besoin de capitaux, par exemple pour investir, développer de nouvelles branches d'activités, de nouvelles applications ou éponger ses dettes, deux solutions s'offrent à elle : soit emprunter auprès des banques commerciales, soit se financer directement auprès des investisseurs, donc sur le marché boursier. La bourse est un marché où s'échangent des titres : actions ou parts du capital d'une entreprise et des obligations ou titres de créances. L'entreprise est ainsi directement mise en relation avec les investisseurs qui peuvent être des particuliers, des salariés, des sociétés d'investissement, des compagnies d'assurance mais aussi des banques. De la même manière, les États aussi peuvent recourir au marché boursier pour refinancer leurs économies soit en émettant des obligations, soit en ouvrant le capital des entreprises nationales. Il existe plusieurs marchés boursiers à travers le monde. Celui de New York géré par la société NYSE (New York Stock Exchange), celui de Paris géré par Euronext, celui de l'UEMOA géré par la BRVM. On peut citer aussi en Afrique d'autres bourses telles que : la bourse de Casablanca au Maroc, la bourse du Ghana, la bourse du Nigéria, etc.

La Bourse régionale des valeurs mobilières (BRVM) est un marché financier commun aux huit (8) pays membres de l'UEMOA, à l'image de ce que la BCEAO est pour ces pays sur le plan monétaire. Elle est organisée sous la forme d'une société anonyme (SA) de droit privé dont le capital est détenu par les États membres de l'UEMOA, les sociétés de cotation et d'intermédiation, les chambres de commerces et d'industrie, les institutions financières sous régionales. Son siège est à Abidjan en Côte d'Ivoire.

La BRVM est une institution financière spécialisée qui a été créée le 18 décembre 1996 conformément à une décision du conseil des ministres de l'UEMOA. Elle a effectivement démarré ses activités le 16 septembre 1998 avec trente-quatre (34) entreprises cotées. C'est une bourse électronique avec un site central situé à Abidjan en Côte d'Ivoire et des antennes nationales de bourse installées dans chacun des États membres de l'UEMOA. L'une des particularités de la BRVM par rapport aux autres marchés financiers qui sont « nationales », c'est d'être un marché boursier régional ou communautaire, en ce sens qu'il est commun aux huit (8) pays membres de l'UEMOA (Bénin, Burkina Faso, Côte d'Ivoire, Guinée Bissau, Mali, Niger, Sénégal et Togo).

C'est un marché boursier à « deux compartiments » ou rayons, pour faire simple en utilisant le langage commercial des grandes surfaces : le compartiment des actions où on retrouve les actions de toutes les entreprises cotées et le compartiment des obligations qui abrite toutes les obligations cotées et émises par les Etats, les institutions financières régionales et les entreprises. Autrement dit c'est un marché ou une boutique à deux rayons principalement : un rayon où on expose et échange les actions des entreprises cotées en bourse et un autre où sont exposées toutes les obligations publiques et privées émises et cotées au niveau de la BRVM. Sur chaque rayon les prix des produits ou de la marchandise (actions et obligations) sont affichés tous les jours. Si les prix des obligations sont quasi fixes, les prix des actions sont quant à eux fluctuants.

C'est encore un jeune marché boursier certes, au regard du nombre d'entreprises cotées, mais un marché très prometteur au regard de sa configuration et du potentiel que représentent les économies des pays qui le composent. En effet au mois d'octobre 2020, la BRVM comptait encore quarante-cinq (45) entreprises cotées sur le marché des actions dont 34 ivoiriennes (cf. tableau des entreprises cotées), trois burkinabè (Boa Burkina Fasso, Corisbank et Onatel), trois sénégalaises (Boa Sénégal, Sonatel et Total Sénégal), deux togolaises (Ecobank ETI et Oragroup), une béninoise (Boa Bénin), une malienne (Boa Mali) et enfin une nigérienne (Boa Niger).

Le développement de la technologie du digital combiné à la présence de plus en plus marquée des marchés boursiers un peu partout à travers le monde, fait de l'investissement en bourse presque un jeu d'enfant.

Investir en bourse est aujourd'hui à la portée de tout le monde, d'autant plus que cela ne demande ni beaucoup d'argent ni des « connaissances techniques particulières », comme certains tentent de le faire croire. Grâce à une plateforme en ligne et à l'aide d'un compte titre, on peut investir dans des marchés boursiers européens, américains, asiatiques et africains.

Le compte titre est l'outil qui nous permet d'accéder au marché boursier, de suivre ses investissements en constituant son portefeuille d'actions et d'obligations et de faire les analyses de compte nécessaires. Comme rappelé précédemment, le compte titre plus qu'un compte bancaire est un compte d'investissement qui recueille les objets (actions, obligations, FCP, SICAV), les produits (dividendes, plus-values) et la trésorerie nécessaire à notre activité d'investissement. Comme le magasin pour le commerçant, la ferme pour l'aviculteur ou l'usine pour l'industriel, le compte titre est l'outil de production de l'investisseur en bourse. C'est pourquoi, j'affirme, sans risque d'être contredit que celui ou celle qui ouvre un compte titre crée automatiquement une entreprise sans les formalités habituelles. Et il est recommandé d'opter dans un premier temps pour la « gestion libre » du compte titre afin de mieux comprendre le fonctionnement de la bourse, de suivre ses investissements en temps réel et de se former. L'ouverture du compte titre se fait auprès des SGI et des banques agréées. Il faut juste s'assurer que la SGI ou la banque choisie dispose, au moins, d'une plateforme fonctionnelle qui te permet d'acheter ou de vendre en toute autonomie.

Beaucoup de gens ignorent qu'ils peuvent acheter ou vendre leurs actions n'importe quand, à l'aide simplement d'un compte titre fourni par les courtiers en bourse. On entend souvent les gens dire : « je voulais acheter des actions Sonatel, Total ou Orabank, mais on m'a dit que c'est fini ». Ceci n'est vrai que pendant la période de souscription, mais dès la cotation, n'importe qui peut devenir actionnaire n'importe quand soit de SONATEL, soit de CORISBANK, soit de TOTAL CI, soit de l'une des 45 entreprises cotées à la BRVM quand il le désire, et ce simplement parce que, une partie du capital de ces entreprises (20 % au moins) est ouverte au public au sens large du terme. Ainsi grâce au compte titre du réseau de la BRVM un Sénégalais, un Gambien, un Mauritanien, un Camerounais, un Belge, un Indien peuvent devenir actionnaires des entreprises cotées à la BRVM du lundi au vendredi entre 9 heures et 15 heures.

Par contre, à l'heure où j'écris ces lignes (octobre 2020), je ne peux pas devenir actionnaire de SOCOCIM INDUSTRIES SÉNÉGAL, de Banque commerciale du Burkina (BCB), d'AREVA NC NIGER, de la Société béninoise d'énergie électrique (SBEE) ou d'AIR COTE d'IVOIRE, etc., parce que tout simplement ces entreprises ne sont pas encore cotées en bourse, leur capital ne m'est pas aussi accessible comme le sont ceux des entreprises cotées en bourse.

Enfin, autant pour recevoir son salaire par virement, avoir un chéquier et une carte GAB, il faut ouvrir un compte bancaire, autant, pour avoir des actions en bourse et constituer un portefeuille d'action, d'obligations ou de FCP, il faut disposer d'un outil d'investissement qu'on appelle : le compte titre.

II. QUI SONT LES PRINCIPAUX ACTEURS DE LA BRVM ?

1. Le DC/BR

Dans l'exécution de sa mission, la BRVM est accompagnée par un organe central appelé Dépositaire central banque de règlement (DC/BR). Il est chargé en tant que dépositaire de centraliser la conservation et assurer la circulation scripturale des valeurs mobilières pour le compte de ses adhérents. Ceci, pour simplifier la circulation et l'administration des actifs en circulation au niveau de la BRVM. Le DC/BR est également chargé de l'enregistrement de l'ensemble des virements espèces consécutifs aux engagements pris par les intermédiaires sur le marché à l'achat ou à la vente.

Le DC/BR utilise les outils technologiques de dernière génération afin d'assurer une meilleure sécurité et la transparence pour le dénouement des transactions. Il est membre de l'Africa and middle east central dépositories association (AMEDA) et de l'association of national numbering agency (ANNA).

2. Le CREPMF

Le conseil régional de l'épargne publique et des marchés financiers (CREPMF) est l'organe de surveillance du marché financier régional, autrement dit c'est le « gendarme » de la BRVM.

La 21e session ordinaire tenue à Abidjan le 12 juillet 2019 a adopté le changement de dénomination du CREPMF qui devient « Autorité des Marchés Financiers de l'Union Monétaire Ouest-Africaine » (en abrégé AMF – UMOA).

L'AMF – UMOA ex CREPMF est investie d'une mission générale de protection de l'épargne en valeurs mobilières, produits financiers négociables en bourse et en tout autre produit donnant lieu à une sollicitation de l'épargne au niveau de l'UEMOA.

Elle est chargée d'édicter et de diffuser les règles d'organisation et de fonctionnement de la BRVM par le biais de règlements[58] et d'instructions[59]. Elle est également chargée de la délivrance des agréments aux divers acteurs de

---

[58] **Règlement général** du CREPMF est un texte de base qui définit l'organisation, le fonctionnement et le contrôle du marché financier régional. Il a été adopté le 28 novembre 1997 par le Conseil des ministres de l'UEMOA suivant Décision n°001/97.

[59] **Instructions** : C'est l'un des textes d'application du CREPMF. Les instructions précisent les dispositions du règlement général.

la bourse que sont : les sociétés de gestion et d'intermédiation (SGI), les apporteurs d'affaires, les sociétés de gestion de patrimoine, les organismes de placement collectifs en valeurs mobilière (OPCVM), ainsi que des visas pour les opérations d'appel public à l'épargne.

C'est l'équivalent de l'Autorité des marchés financiers (AMF) [60]en France ou de la Securities and exchange Commission « SEC »[61] aux USA qui est l'organisme fédéral américain de réglementation et de contrôle des marchés financiers. Les lois et réglementations financières que diffusent ces organismes indépendants tirent leur source du principe général que « tout investisseur, institutionnel ou privé doit avoir accès à un minimum d'informations avant d'acheter et pendant toute la durée de détention des titres ».

Cet organe fait partie des nombreux mécanismes ou outils de protection des investisseurs en bourse.

3. Les SGI

Les Sociétés de gestion et d'intermédiation (SGI) sont une catégorie d'établissements financiers différente des banques, car soustraites de la réglementation bancaire. Elles sont constituées sous la forme de société anonyme (SA). Elles sont autorisées, à titre exclusif, à exercer les activités de négociateur, compensateur de valeurs mobilières cotées pour le compte de tiers. À ce titre, elles sont habilitées à recevoir

[60] **AMF** : l'autorité des marchés financiers est une institution financière et une autorité administrative indépendante créée le 1er août 2003. C'est le gendarme de la Bourse en France.

[61] **SEC** : Securities and exchange commission est l'organisme fédéral américain de réglementation et de contrôle des marchés financiers. Elle est issue de la Securities Exchange Act de 1934.

et à détenir l'épargne publique. Toutes les cessions sur titres cotés à la BRVM sont effectuées par l'entremise des SGI, sauf dérogation expresse accordée par la BRVM.

Les SGI ont ainsi pour activité principale la tenue de comptes titres ou de valeurs mobilières. Les conditions d'agrément des SGI sont définies par le Règlement général du CREPMF et notamment par l'instruction 4/97 du CREMPF relative à l'agrément des sociétés de gestion et d'intermédiation (SGI).

Au niveau des SGI, on trouve des conseillers préposés à l'ouverture des comptes, au suivi des clients. Il y a aussi des gestionnaires de portefeuille qui s'occupent des placements et de la rentabilisation des investissements qui leur sont confiés. Au niveau de la BRVM, c'est le lieu d'investissement en bourse par excellence, car elles mettent à la disposition de leurs clients le compte titre qui est l'outil qui permet à l'investisseur de réaliser ses opérations d'achat ou de vente d'actions, d'obligations et de FCP en toute autonomie.

Avec le développement du marché financier régional, les SGI et organisations assimilées constitueront une bonne niche d'emplois et de création de richesses pour les économies africaines. Leurs besoins en analystes financiers, en conseillers, en agents de saisie et de suivi des comptes, en informaticiens et en professionnels de la communication, etc. pourront contribuer à résorber le chômage des jeunes, à promouvoir l'investissement public et privé en attirant les capitaux étrangers et surtout ceux de la grande diaspora africaine qui est à la recherche de niches d'investissement sécurisantes dans leur pays d'origine.

4. Les entreprises dont les actions sont cotées au niveau de la BRVM

Les entreprises cotées au niveau du marché des actions à la BRVM sont, sans distinction de pays d'origine, classées en secteurs d'activités : le secteur de l'agriculture, le secteur de l'industrie, le secteur de la finance, le secteur de la distribution, le secteur du transport, et le secteur des services publics.

Le tableau ci-dessous présente lesdites entreprises en les classant par secteur et par pays :

NB : Description sommaire des entreprises dont les actions sont cotées à la BRVM.

SECTEUR	RAISON SOCIALE	DOMAINE D'ACTIVITÉ	PAYS
AGRICULTURE	PALM	HUILE DE PALME	COTE D'IVOIRE
	SAPH	CAOUTCHOUC	COTE D'IVOIRE
	SOGC	HUILE DE PALME ET CAOUTCHOUC	COTE D'IVOIRE
	SICOR	NOIX DE COCO	COTE D'IVOIRE
INDUSTRIE	AIR LIQUIDE	GAZ INDUSTRIEL	COTE D'IVOIRE
	SITAB	TABAC	COTE D'IVOIRE
	CROWN SIEM	EMBALLAGE MÉTALLIQUE	COTE D'IVOIRE
	FILTISAC	FILATURE, TISSAGE, SACS	COTE D'IVOIRE
	NEI CEDA	ÉDITION DE LIVRES SCOLAIRES	COTE D'IVOIRE
	NESTLÉ	TRANSFORMATI ON ALIMENTAIRE	COTE D'IVOIRE
	SETAO	ÉTUDES ET TRAVAUX PUBLICS	COTE D'IVOIRE
	SICABLE	CABLE ÉLECTRIQUE	COTE D'IVOIRE
	SMB	BITUMES	COTE D'IVOIRE
	SOLIBRA	BRASSERIE	COTE D'IVOIRE
	SUCRIVOIR	SUCRE	COTE D'IVOIRE
	UNILEVER	FABRICATION PRODUITS ALIMENTAIRES ET D'ENTRETIEN	COTE D'IVOIRE
	UNIWAX	TISSU	COTE D'IVOIRE

FINANCE	BICI CI	BANQUE	COTE D'IVOIRE
	BOA BÉNIN	BANQUE	BÉNIN
	BOA CI	BANQUE	COTE D'IVOIRE
	BOA BF	BANQUE	BURKINA FASO
	BOA SN	BANQUE	SÉNÉGAL
	BOA MALI	BANQUE	MALI
	BOA NIGER	BANQUE	NIGER
	CORIS BANK	BANQUE	BURKINA FASO
	ECOBANK CI	BANQUE	COTE D'IVOIRE
	ECOBANK ETI	BANQUE	TOGO
	NSIA BANQUE	BANQUE	COTE D'IVOIRE
	ORAGROUP	BANQUE	TOGO
	SAFCA	CRÉDIT BAIL	COTE D'IVOIRE
	SOCIÉTÉ IVOIRIENNE DE BANQUE SIB CI	BANQUE	COTE D'IVOIRE
	SOCIÉTÉ GÉNÉRALE DE BANQUE	BANQUE	COTE D'IVOIRE
DISTRIBUTION	TOTAL COTE D'IVOIRE	CARBURANTS	COTE D'IVOIRE
	TOTAL SENEGAL	CARBURANTS	SENEGAL
	VIVO ENERGY CI	CARBURANTS	COTE D'IVOIRE
	BERNABE	QUINCAILLERIE, OUTILLAGE	COTE D'IVOIRE
	CFAO	AUTOMOBILE	COTE D'IVOIRE
	SERVAIR	RESTAURATION	COTE D'IVOIRE
	TRACTAFRIC	AUTOMOBILE	COTE D'IVOIRE

TRANSPORT	BOLLORE AFRICA LOGISTIQUE CI	TRANSPORT MARITIME ET LOGISTIQUE	COTE D'IVOIRE
	MOVIS	TRANSPORT ET LOGISTIQUE	COTE D'IVOIRE
SERVICES PUBLICS	CIE CIE	ÉLECTRICITÉ	COTE D'IVOIRE
	ONATEL	TELECOMMUNIC ATION	BURKINA FASSO
	SODECI	EAU	COTE D'IVOIRE
	SONATEL	TELECOMMUNIC ATION	SENEGAL

5. Les investisseurs à la BRVM

Si certains acteurs économiques viennent en bourse pour chercher de l'argent ou des financements, d'autres par contre viennent en bourse pour en proposer, c'est-à-dire chercher, des placements rentables pour leur épargne. Le marché boursier essaie alors d'organiser la rencontre de cette offre de liquidités et de cette demande de financements. C'est le cas quand une entreprise émet des obligations d'une part, ou quand d'autre part, elle ouvre une campagne de souscription d'une partie de son capital au public sur le marché primaire. Enfin, c'est le cas du lundi au vendredi de 9 heures à 15 heures sur le marché secondaire de la BRVM où les investisseurs font leurs achats et ventes d'actions, d'obligations en fonction de leurs objectifs d'investissement ou de leurs besoins de trésorerie. En effet, au moment où certains se rendent quotidiennement au marché aux poissons, d'autres au marché des légumes, d'autres encore au marché de pièces détachées automobiles, entre autres, pour acheter ou vendre, les investisseurs en bourse font leurs courses sur le marché de la BRVM où les transactions sont plus digitales que physiques.

Parmi les investisseurs en bourse, on peut citer : les États, les entreprises publiques et privées ou de simples particuliers.

Tout de même, il y a des sociétés dont l'investissement en bourse est principalement le métier, c'est le cas notamment des SGI et des organismes financiers agréés comme certaines banques, les fonds de pension et de retraites, les fonds d'investissement, etc.

En dehors de ces acteurs principaux, de nombreuses autres personnes physiques et morales gravitent autour de la bourse. C'est le cas des agences de notation, des écoles de formations, des apporteurs d'affaires, des magazines et analystes financiers, etc.

Ainsi la BRVM, à l'image des autres marchés boursiers, est un haut lieu d'échange de titres financiers (actions, obligations) entre des acteurs institutionnels publics ou privés et des particuliers.

III. Quelle est la place de l'information dans l'investissement en Bourse ?

Au-delà du marché boursier en tant que tel et de sa composition en termes d'entreprises cotées, l'information représente un des éléments les plus importants pour l'investisseur en bourse. Cette information, au-delà de l'actualité politique et économique régionale et internationale, est disponible sur la plateforme BRVM et dans certaines revues spécialisées.

1. La plateforme BRVM

La plateforme BRVM, accessible sur presque tous les moteurs de recherche sur Internet à travers l'adresse www.brvm.org, qui tient ici lieu de marché financier est une véritable bourse aux normes et standards internationaux.

C'est un marché digital entièrement automatisé et intégré. Il permet aux investisseurs des différents pays membres de l'UEMOA et tout autre investisseur qui le souhaite, quelle que soit sa situation géographique, d'effectuer des transactions, tous les jours ouvrables de 9 heures à 15 heures sur le marché central situé en Côte d'Ivoire, et ce, en temps réel par le biais des institutions ou intermédiaires agréés (SGI et banques agréées).

Pour ce faire il y a le marché central dont le siège est à Abidjan en Côte d'Ivoire. À ce marché central sont connectées les antennes nationales de bourse situées dans les différentes capitales des pays membres de l'UEMOA. Ce schéma institutionnel et technique est complété par les SGI et autres établissements financiers agréés qui sont autorisés à passer les ordres de leurs clients directement sur la plateforme de trading de la BRVM. Ainsi, avec un compte titre au Sénégal, au Burkina Faso, en Côte d'Ivoire, au Togo ou tout autre pays membre de l'espace UEMOA fourni par une SGI ou une institution financière agréée, je peux via la plateforme de cette dernière, acheter ou vendre des actions ou des obligations tous les jours ouvrables aux heures de cotation (9 h à 15 heures). Même en dehors des heures de cotations et des jours ouvrables notamment de 08 heures à 23 heures, on peut passer des ordres. Cependant ceux-ci ne pourront être traités qu'à l'ouverture officielle du marché de la BRVM : les jours ouvrables, plus exactement de à 9 heures 15 mn à 15 heures 00 GMT.

Cette plateforme centralise aussi et diffuse toutes les informations ou publications officielles relatives aux sociétés cotées en bourse et dont les investisseurs ont besoin dans leurs activités de trading. C'est la première source d'information pour les sociétés cotées. Ainsi j'ai l'habitude de dire que la bourse, contrairement au commerce classique, est le marché où l'on peut se rendre sans se déplacer physiquement, les marchandises (titres) qu'on y échange (achat ou vente) n'ayant pas besoin de logistique physique (pas de transports de marchandises, pas de magasin pour le stockage, pas de taxi pour le transport…). La bourse c'est la traduction réelle de l'ère du numérique, c'est du commerce électronique au vrai sens du terme, car le marché est entièrement digitalisé.

À titre d'illustration, pour voir ce qu'il y a sur le marché des actions au niveau de la BRVM, avec l'aide de votre téléphone ou de votre ordinateur :

Étape 1 : Tapez BRVM dans votre moteur de recherche google,

Étape 2 : Cliquez sur BRVM – Bourse régionale des valeurs mobilières (pour accéder au marché de la BRVM)

Étape 3 : Cliquez sur journée de cotation

Étape 4 : cliquez (à gauche) sur action pour voir toutes les actions cotées avec leur cours ou sur obligations pour voir aussi lcs obligations cotées.

Vous voilà au marché boursier BRVM. Cependant pour acheter ou vendre, il faut vous reporter à votre compte titre qui, grâce à la plateforme de votre SGI, vous reliera directement au marché BRVM pour y faire vos courses, selon vos objectifs.

Par conséquent la plateforme BRVM et celles de certaines SGI sont de véritables canaux d'informations pour les investisseurs en bourse. Et ce, d'autant plus que, sur les entreprises cotées en bourse, par opposition à celles qui ne le sont pas, pèse une obligation d'information à l'endroit du public. Cette obligation répond au droit à l'information des actionnaires. Ce devoir pèse sur toutes les entreprises constituées sous la forme d'actions, certes, mais, sacré en bourse, il reste une contrainte majeure pour les entreprises cotées. Aussi le principe général du droit à l'information prévu par le droit commercial et l'acte uniforme OHADA[62] sur le droit des sociétés commerciales et du GIE en sa section II intitulée « Communication de documents » et notamment aux articles 525 et suivants, trouve en bourse un terrain d'expérimentation très favorable. C'est pourquoi le Règlement général[63] du CREPMF a internalisé ce droit à l'information des actionnaires en l'organisant dans les articles 127 et 132 de la section 2 dudit Règlement général en deux formes : une information permanente et une information événementielle.

a. L'information permanente

L'information permanente visée à l'article 127 du Règlement général consiste principalement en la publication obligatoire de rapports d'activités et de résultats trimestriels, des états financiers annuels et des résolutions des assemblées générales des entreprises cotées. Cette importante

[62] OHADA Organisation pour l'harmonisation en Afrique du droit des affaires. C'est une organisation intergouvernementale d'intégration juridique créée le 17 octobre 1993.

[63] Règlement général du CREPMF est un texte de base qui définit l'organisation, le fonctionnement et le contrôle du marché financier régional. Il a été adopté le 28 novembre 1997 par le conseil des ministres de l'UEMOA suivant Décision n°001/97.

information est publiée sur la plateforme BRVM tout au long de l'année dans la rubrique « annonces émetteurs » et constitue une bonne source d'information sur l'activité des entreprises cotées et représente une aide à la décision pour les investisseurs.

b. L'information événementielle

Quant à l'information événementielle prévue à l'article 132 du Règlement général, elle parle de tous « faits nouveaux de nature à avoir une incidence sur le cours d'un titre coté. » C'est le cas, par exemple des changements d'administrateurs, des redressements fiscaux, des fermetures d'établissement, des cessions de participation, etc. Et ce droit des actionnaires ou devoir des entreprises cotées est garanti par l'Autorité du marché financier qui doit veiller à son application. À cet effet, la BRVM publie souvent des avis de rappel à l'ordre.

C'est le cas notamment de l'avis n° 38 – 2020 /BRVM/DG du 3 avril 2020 relative au respect du calendrier de publication des informations par les entreprises cotées.

Certes les obligations de publication peuvent être perçues comme des contraintes et des lourdeurs supplémentaires pour la gestion des entreprises cotées, mais, c'est pour la BRVM et tous les marchés financiers d'une part, une façon de promouvoir la culture de la transparence, de la qualité et de la rigueur dans la gestion des entreprises cotées, et d'autre part un gage contre toute manipulation ou manœuvre qui pourraient menacer la confiance ou tromper la religion des investisseurs qui ne peuvent que se baser sur les informations fournies par les entreprises pour se déterminer par rapport à leurs positions sur tel ou tel autre titre.

Le renforcement de cette obligation est la conséquence des précédentes crises boursières marquées surtout par des manipulations de l'information financière par certaines entreprises : cas du scandale Enron[64] aux USA.

D'autres canaux d'informations non institutionnels existent aussi en bourse : il s'agit des revues et journaux spécialisés.

2. Les revues et journaux spécialisés

À l'ère du numérique, l'information reste la chose la plus accessible et la mieux partagée, et ce, dans tous les domaines : politique, économique, scientifique, culturelle, religieux, etc. L'information financière est aujourd'hui au cœur de tous les enjeux, et ce, en rapport avec le rôle central que jouent les marchés financiers dans l'économie mondiale. Ainsi pour se former en finance, Internet reste, à mon avis, la plus grande et la plus accessible des écoles. On y trouve des milliers de sites d'informations et de formation en ligne et souvent gratuits. Pour y accéder, il suffit juste d'avoir un ordinateur ou un smartphone et une connexion pour aller à la

[64] Le scandale Enron qui est une entreprise qui évoluait dans le domaine de l'énergie aux USA est un cas de fraude et de manipulation financière découvert en 2001. Enron avait réussi à se hisser à la 7e place en termes de capitalisation boursière, en gonflant artificiellement ses profits, en masquant ses déficits en utilisant des sociétés-écrans et en falsifiant ses comptes, créant une bulle boursière autour de ses actions. Avec sa faillite 20 000 personnes environ perdirent leur emploi et plusieurs centaines de millions de dollars de fonds de pension partirent en fumée aux USA. Ce scandale est à l'origine de la création de nouvelles lois et normes (IFRS, IAS) dans le domaine de la gouvernance d'entreprise, de l'audit, de la comptabilité et du conseil.

conquête de « la nouvelle école digitale » qui en plus d'être gratuite est le plus souvent sans critères discriminatoires à l'accès. En effet il n'y a pas de niveau encore moins de diplômes exigés pour y être admis. Il suffit juste d'être connecté, de s'armer de volonté et d'être passionné d'un secteur d'activité ou d'un sujet déterminé. En effet, il ne sert à rien d'essayer de réinventer la roue, tous les sujets, toutes les questions qui interpellent l'humanité sont traités dans Internet, à travers les moteurs de recherche que sont Google, Wikipédia et souvent, par les plus grands spécialistes. Plus marrant encore, des milliers de personnes y offrent gratuitement leurs compétences et expertises à travers des vidéos simples et très pratiques appelés tutoriel ou « tuto »[65] notamment sur YouTube. Il suffit juste d'apprendre à profiter de cette encyclopédie numérique publique, en vue d'en tirer le meilleur profit. Autrement dit, il faut se résoudre à « choisir de travailler et d'apprendre au lieu de jouer. »[66] comme l'ont fait Mike et Robert dans *Père riche, père pauvre* pour pouvoir bénéficier de l'enseignement du père riche. En effet, « Robert a renoncé à ses parties de balle du samedi, pour apprendre ».

Donc au lieu de passer son temps à regarder des films ou des vidéos dont les acteurs sont déjà passés à autre chose, utilisons Internet et notre temps libre plutôt pour apprendre et nous former dans des domaines qui nous permettent de

---

[65] Tuto : diminutif de tutoriel : c' est un guide d' apprentissage ou guide pédagogique, sous forme de vidéo destiner à former de façon autonome l' utilisateur d' un logiciel, d' un programme autonome ou de toute autre technique.

[66] « Père riche, père pauvre » ROBERT KIYOSAKI, Nouvelle édition 20e anniversaire page 39

nous améliorer sur le plan professionnel et pourquoi pas d'apprendre à faire de l'argent.

Ainsi, les revues et sites spécialisés dans le traitement de l'information boursière concourent également à l'exercice du droit à l'information au profit des actionnaires, en rendant les publications des sociétés cotées plus digestes pour leurs lecteurs.

Au niveau de la BRVM, j'avoue avoir beaucoup appris avec des sites Internet tels que RichBourse, l'École de la bourse de Côte d'Ivoire, SIKA FINANCES, African Markets, Jeune Afrique et Financial Afrik qui, d'ailleurs, est une référence mondiale dans l'information économique et financière surtout des pays africains, car ses articles sont très souvent repris et exploités par les autres sites.

Au niveau international, les sites « Boursier.com », le site de la bourse du Maroc, ainsi que des blogueurs tels que Tanguy Caradec ont également beaucoup contribué à ma formation boursière.

Mais de tous ceux-là, Robert Kiyosaki demeure mon principal inspirateur notamment après la lecture de son ouvrage *Père riche, père pauvre* et surtout à travers ses articles que je reçois à travers son compte Facebook « Rich Dad Community . » Le coach Robert a réveillé en moi une passion qui dormait et a réussi à me mettre le pied à l'étrier de la quête de l'indépendance financière, sans qu'on se rencontre physiquement. Il m'a ouvert les yeux et éveillé mes sens sur les opportunités de mon environnement immédiat. Je l'avoue, j'investissais dans divers secteurs d'activité avant de le lire (agriculture, élevage, immobilier…), mais la lecture de *Père riche, père pauvre* m'a donné une véritable éducation financière et une culture de l'investissement. Ses enseignements ont redimensionné mes ambitions. D'ailleurs je ne demande plus au Bon Dieu des millions dans mes prières, mais plutôt des milliards de francs CFA.

En outre, et plus important que tout, il m'a convaincu de ne plus avoir peur et d'être confiant en l'avenir.

La preuve, je suis devenu un investisseur en bourse et ai commencé à accumuler des actifs depuis octobre 2018. Et ces titres accumulés me dépannent comme une roue de secours à chaque imprévu (fêtes religieuses, urgence médicale, Covid-19, etc.) et me permettent d'affronter l'avenir avec plus d'assurance et de sérénité. Il m'a amené à donner une autre tournure, d'autres perspectives à ma vie et mes ambitions. Je n'ai plus peur aujourd'hui que pour ma santé, mais point pour mon avenir.

Des revues internationales telles que Financial Afrique, Jeune Afrique ne sont pas, loin s'en faut, à négliger car traitant fréquemment de la situation économique des entreprises cotées ou de leurs dirigeants.

La lecture de ces journaux est aussi intéressante car ils traitent le plus souvent de l'actualité politique, économique, sociale des pays de résidence des entreprises cotées.

L'actualité nationale des entreprises cotées en bourse aussi est à prendre en compte, car celle-ci a souvent des effets directs sur le cours desdites actions. En effet, des élections, l'insécurité, des catastrophes naturelles, etc. peuvent affecter le cours des actions des entreprises situées dans les zones concernées. L'actualité internationale aussi est à surveiller dans la mesure où les sociétés mères de certaines entreprises cotées dans la sous-région ouest-africaine sont basées dans des pays étrangers dont certains constituent un débouché pour la production de certaines de nos entreprises, surtout celles évoluant dans le domaine agricole (gain ou perte de parts de marché). De fait, l'économie mondiale n'a jamais été aussi intégrée, qu'en ce moment.

L'investissement en bourse suscite souvent des vocations nouvelles et nous pousse à changer notre regard sur l'actualité nationale et internationale. Au-delà de nous enrichir sur le plan financier, l'investissement en bourse nous cultive intellectuellement, nous amène à porter un autre regard sur le monde, à comprendre des enjeux économiques et politiques qui, jusque-là, nous échappaient.

D'ailleurs la bourse pourrait être une des solutions au développement de l'Afrique en général dont le marché est convoité par les plus grandes multinationales, pourvu que nos dirigeants en soient conscients, et qu'ils mettent sur orbite les entreprises privées en particulier celles qui ont besoin de tout le potentiel de la bourse pour grandir et mieux faire face à la concurrence régionale et internationale. La dissémination rapide des filiales de Bank of Africa (BOA) dans tout l'espace UEMOA en est un parfait exemple. En effet, les entreprises cotées en bourse ont la capacité de grandir plus vite que les autres (SONATEL, ECOBANK, ORABANK, BOA).

Donc on peut bel et bien investir en bourse en Afrique, car il existe des marchés boursiers aux standards internationaux et parmi lesquels la BRVM qui offre un plateau technique intéressant en termes de réseau et d'accessibilité et regorge d'un potentiel encore inexploité au regard du nombre de pays (08) qui composent ce marché et de la diversité des entreprises qui y interviennent.

Après avoir répondu à la question de l'existence de marchés boursiers en Afrique en vous parlant du marché de la BRVM qui est moderne car conforme aux standards internationaux et qui a un bon potentiel de croissance, je vais répondre à la question de l'intérêt d'investir en bourse.

IV. QU'EST-CE QUE L'ON GAGNE EN INVESTISSANT EN BOURSE ?

En investissant en bourse, on peut gagner ou avoir un retour sur investissement (ROI en anglais)[67] sous forme soit de dividendes, soit de plus-value, soit d'intérêts.

1. Les dividendes

Comme évoqué plus haut, le dividende est la part du bénéfice qui revient aux actionnaires en cas de distribution de celle-ci.

Et naturellement on investit en bourse pour profiter des dividendes que versent les entreprises à leurs actionnaires. Quand on demande à un Sénégalais pourquoi il achète des actions SONATEL, la réponse automatique qu'il vous sert est : « c'est pour bénéficier des dividendes que distribue annuellement la SONATEL ». Ainsi, au mois de mai qui correspond souvent à la période de paiement des dividendes de la SONATEL, les SGI de la place voient leur taux d'affluence augmenter du fait des nombreuses personnes surtout les retraités de la SONATEL qui viennent

[67] Terme anglais (return on investment) signifiant retour sur investissement en français (RSI) permet de calculer le rendement d'une somme investie.

Retour sur investissement (%) = (gain de l'investissement – coût de l'investissement) / coût de l'investissement.

« toucher »[68] le produit de leurs investissements sur l'action SONATEL réalisés antérieurement.

Ainsi les personnes ayant des actions SONATEL, par exemple dans leur compte titre, à défaut de réinvestir leurs dividendes ont perçu en 2019, en fonction du nombre de leurs actions les dividendes ci-dessous :

Type d'actions	**Dividende net exercice 2018**	**Nombre d'actions en portefeuille**	**NET à percevoir**
SONATEL	1 500	100	150 000
SONATEL	1 500	150	225 000
SONATEL	1 500	500	750 000
SONATEL	1500	1500	2 250 000
SONATEL	1500	5000	7 500 000

Cet exemple montre que plus on a d'actions en portefeuille et plus le dividende est intéressant, plus on peut, au moment du paiement des dividendes, prétendre à des revenus consistants. Et ces revenus sont nets d'impôts[69]. Autrement dit, ces revenus sont libres d'impôts, car ayant déjà été imposés, par retenue à la source, entre les mains de l'entreprise SONATEL. En outre, ces personnes ont l'avantage de conserver encore leurs actions qui vont continuer à produire des dividendes dans le futur. Enfin l'investisseur a la latitude soit de réinvestir cet argent gagné en bourse et valoriser son portefeuille, soit utiliser ces revenus pour d'autres investissements ou charges de

[68] Terme populaire pour désigner l'encaissement d'un salaire ou d'un revenu quelconque.

[69] Les impôts sur le revenu (impôt sur le revenu des valeurs mobilières/IRVM) y afférents ont déjà été prélevés à la source par SONATEL et reversés à l'État pour l'investisseur.

réparation ou d'entretien et pourquoi pas se payer quelques jours de vacances ou faire de la charité.

L'investissement en bourse sur des actions fonctionne comme un arbre fruitier qu'il faut planter, entretenir en le faisant croître pour enfin pouvoir jouir de sa récolte, dans le futur, à l'occasion des nombreuses cueillettes. De la même manière, les actions aussi il faut bien les choisir, les multiplier (diversifier le portefeuille) dans le temps et attendre le paiement des dividendes pour pouvoir en jouir. En plus, quelquefois le délai d'attente pour la cueillette des dividendes des actions peut être moins long (1 mois) que le temps que prend un arbre fruitier pour commencer à produire. C'est le cas quand on se positionne sur des actions à dividendes quelques semaines avant la distribution.

À titre personnel, mon petit portefeuille de titre m'a rapporté en 2019, en moins d'un an, un montant total de sept cent cinquante mille huit cent trente francs (750 830) CFA en dividendes nets répartis comme suit :

DATES ENCAISSEMENT	ACTIONS	DIVIDENDE UNITAIRE NET	NOMBRE D'ACTIONS	DIVIDENDES TOTAL NET
16/05/2019	ECOBANK CI	241	125	30 125
16/05/2019	SONATEL	1500	250	375 000
20/05/2019	BOA CI	306	125	38 250
04/06/2019	BOA SN	160	210	33 600
07/06/2019	BOLLORE	184	400	73 600
02/07/2019	ORAGROUP	56.73	50	2 837
12/07/2019	NSIA BANK	194.2	140	27 188
17/07/2019	SOGB	126	70	8 820
18/07/2019	BICI CI	182.9	203	37 129
31/07/2019	TOTAL SN	105.3	350	36 855
06/08/2019	VIVO ENERG	64.28	450	28 926
29/08/2019	SMB CI	450	130	58 500
TOTAL				**750 830**

Donc pour gagner des dividendes, il suffit juste d'acheter des actions d'entreprises qui sont généreuses avec leurs investisseurs, c'est-à-dire qui distribuent des dividendes et de savoir attendre. Heureusement, la grande majorité des entreprises cotées à la BRVM gratifient leurs investisseurs de dividendes annuels, même si certains de ces dividendes sont très faibles. Toutefois, comparés au prix des actions, ces dividendes restent acceptables car générant des taux de rendement ou bénéfice net par action[70] tournant, pour de nombreuses entreprises cotées, entre 8 et 12 %, dépassant de loin les taux de rendement des obligations et des comptes d'épargne auprès des banques.

Plus intéressant encore en 2020, en pleine crise de la Covid-19, pendant que l'angoisse gagnait la plupart des gens menacés par le chômage, la fermeture des commerces et autres restrictions, c'est plutôt la sérénité et le sourire du côté de certains investisseurs au niveau de la BRVM. En effet, même si certaines actions ont perdu un peu de leur valeur au niveau de la BRVM, les dividendes sont au rendez-vous. Et c'est Bank of Africa Burkina Fasso (BOA BF) qui a ouvert le bal dès le 04 mai 2020 en payant un dividende net par action de 370 FCFA, suivi de BOA Bénin le 15 mai 2020 qui a distribué à ses actionnaires un dividende net par action de 436 FCFA, puis de la SONATEL (Orange Sénégal) qui a gratifié ses actionnaires le 20 mai 2020 d'un dividende net par action de 1 225 FCFA, etc.

---

[70] Le bénéfice net par action (BNA ou BNPA) est le bénéfice net d'une société divisé par le nombre d'actions qui compose son capital. C'est un ratio dont la présentation est obligatoire dans les entreprises cotées selon les normes IFRS. (Wikipédia)

Pour les investisseurs détenteurs d'un compte titre, ces dividendes leur sont versés directement dans le compte titre, ils sont vérifiables et disponibles pour l'usage que l'investisseur voudrait en faire. Ainsi, selon le montant, l'investisseur bénéficiaire pourra choisir soit de réinvestir ces montants en actions pour renforcer son portefeuille, soit en disposer pour d'autres dépenses personnelles. Un investisseur qui a, par exemple 600 actions SONATEL dans son portefeuille, va recevoir des dividendes de 735 000 FCFA (1 225*600), ce qui est supérieur au salaire annuel d'un smigard[71] sénégalais (58 900 FCFA par mois soit 706 800 FCFA l'année) ou malien (40 000 FCFA par mois soit 480 000 FCFA l'année). Alors que le smigard devra travailler dur pendant toute l'année pour percevoir ce montant, l'investisseur en bourse se contentera juste de faire travailler son argent.

Imaginez alors celui qui a 1 000 ou 1 500 actions SONATEL, par exemple dans son portefeuille. Ce nombre d'actions peut impressionner certains et pourtant il est largement à la portée de tout investisseur régulier et discipliné. Ce qui est valable pour l'action SONATEL est aussi valable pour toutes les entreprises qui distribuent des dividendes intéressants.

2. Les plus-values

En plus des dividendes, les actions procurent aussi des plus-values à leurs détenteurs, en cas de montée ou d'appréciation des cours en bourse. La plus-value est la différence positive (ou appréciation) entre le cours de

---

[71] Personne qui travaille au SMIC (salaire minimum interprofessionnel garanti)

l'action à l'achat et son cours actuel ou au moment de la vente, d'où l'importance de savoir quand acheter et quand vendre. En bourse plus que le nom des entreprises, c'est au prix des actions qu'il faut s'intéresser.

Ainsi, pour profiter des plus-values, il faut acheter, je ne dirai pas au juste prix, mais au bon prix ou à bon marché, donc quand les cours baissent. Pour profiter des plus-values, il faut aussi savoir vendre, donc vendre quand le cours des actions monte. Évidemment, même si les cours sont bas ou hauts, il ne faut pas tout acheter ou tout vendre.

En bourse, ce que beaucoup de personnes ne savent pas, c'est que : ce sont les plus-values qui permettent de gagner beaucoup d'argent, car on peut sur une même action, gagner des plus-values 1, 2, 3 fois dans l'année si cette action est fluctuante. Ainsi, contrairement aux dividendes qui sont annuels, les plus-values quant à elles, on peut en profiter dans la semaine, dans le mois et plusieurs fois dans l'année, à condition de se résigner à vendre les actions ayant enregistré une plus-value conséquente.

À ce niveau, certains nous taxeront de spéculateurs or, il n'y a aucun mal à spéculer si cela nous permet de renforcer notre portefeuille de titres, de diversifier nos investissements et de nous faire de la liquidité en même temps. D'ailleurs tous les investisseurs en bourse font de la spéculation, la différence est juste une question de temps. Ainsi on y trouve des spéculateurs à court terme, des spéculateurs à moyen terme et des spéculateurs à long terme. Aussi, il ne sert à rien de conserver des positions sur des actions qui, à l'analyse, perdent de la valeur, plus qu'elles n'en gagnent.

Il ne sert à rien de se passer des plus-values des actions sans potentiel de dividendes, c'est-à-dire qui ne paient pas de dividendes.

Profiter des plus-values à chaque fois que c'est possible, nous permet aussi de nous prémunir des chocs en cas de crise. En effet les plus-values boursières sont très vulnérables aux crises exogènes qui ont tendance à favoriser des baisses généralisées d'actions sur les marchés boursiers.

En outre, si sur une même action on peut gagner des plus-values deux à trois fois dans l'année, pourquoi s'en priver. C'est juste une question de stratégies, d'autant plus que, avec les mouvements du marché, on peut constituer un bon stock d'actions à faible coût et ne profiter des plus-values que sur une partie du stock le cas échéant. Un tel scénario est possible avec les actions dynamiques ou fluctuantes. Par exemple si on a un stock, 500, 700 voire 1 000 actions sur un titre donné, s'il y a une plus-value intéressante, on peut vendre juste la moitié du stock pour d'une part, profiter de la plus-value et d'autre part garder l'autre moitié en stock, en prévision des dividendes futurs. Les actions, c'est juste de la marchandise que l'on stocke, si les éléments de ce stock s'apprécient au point d'intéresser les autres investisseurs, il faut se résoudre alors à vendre tout ou partie de ce stock pour profiter du bon prix proposé. À défaut quand les produits de ton stock ne vont plus être très demandés, leur prix baissera et tu risques de regretter de ne pas avoir profité de la cherté des prix sur le marché. Donc il faut considérer les actions comme de simples produits financiers plutôt que d'en faire des œuvres d'art ou des articles de collection. C'est comme le mouton au Sénégal, il se vend mieux en période de Tabaski que durant toute autre période de l'année. C'est également le cas des sapins de Noël et autres articles de décoration en fin d'année, leurs prix connaissent un pic en cette période de fête et uniquement en cette période. Passée cet intervalle de temps, une telle marchandise deviendra très encombrante pour son détenteur.

En somme, la bourse bien qu'elle soit un lieu d'investissement et de spéculation n'est point de la loterie. En y venant pour parier, on a plus de chance de perdre de l'argent que d'en gagner. En effet, le temps de maturité des actions, de réalisation des performances en entreprise est souvent plus long que le temps d'un pari à la loterie, et les gains en bourse sont plus probables et prévisibles que les gains à la loterie.

À côté des dividendes, on peut aussi gagner des plus-values et le potentiel est illimité car dépendant de combien d'actions on a en portefeuille et du montant de la plus-value sur une action.

Le tableau des performances de mon portefeuille entre mars et juillet 2019, ci-dessous, démontre parfaitement cette situation :

DATES DE VENTES	ACTIONS	NOMBRE D'ACTIONS	PLUS-VALUES ENCAISSÉES
13/03/2019	BOA NIGER	25	15 377
26/03/2019	NEI CEDA	100	20 604
17/04/2019	BOA MALI	85	47 424
09/04/2019	TOTAL CI	115	37 002
06/05/2019	UNIWAX	100	37 384
14/05/2019	SGB CI	40	25 114
27/05/2019	ONATEL	62	26 227
27/05/2019	SODECI	80	25 410
29/05/2019	CIE CI	175	27 189
31/05/2019	CORIS BANK	25	11 636
09/07/2019	SAFCA	250	27 758
TOTAL			**301 125**

NB : ces actions ont été achetées entre décembre 2018 et mars 2019.

Ce montant peut paraître faible, mais au regard du nombre d'actions en portefeuille et de la durée de l'investissement (décembre 2018 à mars 2019), ce gain est intéressant, surtout qu'on peut le réinvestir pour renforcer le portefeuille. À la bourse, comme dans le commerce de biens ou de services, le potentiel est énorme, les possibilités de gains sont infinies, tout dépend de combien d'actions on a en portefeuille et de l'évolution des marchés.

Et l'avantage aussi par rapport au commerce de biens et services, c'est qu'il y a plus d'efforts intellectuels (analyse) que d'efforts physiques (logistique) à fournir dans l'investissement en bourse. Il n'y a pas de facture d'eau, d'électricité, de frais de transport à supporter. La location (frais de garde des titres) y est moins chère.

Donc l'investissement en bourse notamment sur les actions permet de profiter à la fois des dividendes et des plus-values en cas de besoin. C'est vrai, on peut y perdre de l'argent aussi en cas de moins-value ou dépréciation de la valeur des actions détenues en portefeuille, ceci n'arrive que si on décide de vendre ses actions soit pour stopper la perte soit abandonner temporairement sa position sur une action. On y perd de l'argent pour diverses raisons dont : le manque de formation, la prise de risques inconsidérés, l'empressement et surtout la cupidité. En tout état de cause, les pertes peuvent être toujours limitées, alors que les possibilités de gains dépendent du marché.

3. Les intérêts

En bourse, notamment au niveau de la BRVM, les investisseurs surtout institutionnels sont attirés par le niveau intéressant des taux d'intérêts des obligations. Ces derniers sont plus intéressants que les taux d'intérêts rémunérant l'épargne au niveau des banques et autres institutions de crédit. C'est pourquoi ces banques et institutions de crédit achètent des obligations. En effet, les taux d'intérêt sur le marché des obligations au niveau de la BRVM, varient de 5 à 7 voire 8 % en général, ce qui est largement au-dessus des taux d'intérêts rémunérant l'épargne simple au niveau des banques, taux qui dépassent rarement les 4 %. Le marché des obligations attire ainsi les fonds communs de placement, les banques, les fonds de pension et de retraite, les fonds d'investissements, les compagnies d'assurances et certains particuliers à la recherche de placements stables. L'autre avantage du marché des obligations est qu'il n'y a presque pas de risque comparé au marché des actions. En effet, contrairement aux actions, les obligations sont insensibles aux variations du marché, leurs revenus sont stables quelle que soit la situation du marché. Cependant les possibilités de gains y sont limitées car déterminées à l'avance grâce aux taux d'intérêts qui sont fixes et au nombre d'échéances qui sont connues à l'avance au moment de la souscription. C'est un marché intéressant pour les États membres de l'UEMOA et les banques qui viennent s'y refinancer en cas de risque de rupture de trésorerie. Les récurrents emprunts obligataires des États de l'UEMOA notamment pendant la crise sanitaire de la Covid-19, le diapora Bonds BHS (banque de l'habitat du Sénégal), le FCTC (fonds commun de titrisation de créances) de NSIA BANK CI, entre autres, en sont des illustrations récentes. Cependant, il convient de relever que le marché UEMOA – Titres est le marché le plus usité par les États membres de l'UEMOA pour l'émission d'obligations.

V. QUELS SONT LES RISQUES ENCOURUS SUR LE MARCHE FINANCIER DE LA BRVM ?

Dire tout simplement qu'on gagne de l'argent en investissant en bourse, sans parler des risques inhérents aux marchés financiers, reviendrait à vous raconter un conte de fées. En effet autant il y a du potentiel de gain en bourse, autant le niveau du risque est important surtout sur le compartiment des actions. Mais le risque ne doit pas constituer un frein pour l'investisseur, mais plutôt un challenge, un défi, une motivation. Ainsi, il ne faut pas faire comme le père pauvre qui dit « quand il s'agit d'argent, ne joue pas avec le feu, ne prend pas de risques. »[72] Il faut plutôt être pragmatique comme le père riche qui dit : « apprends à gérer les risques. »[73]

C'est comme la conduite automobile ou la natation. Les nombreux risques d'accidents ne nous empêchent pas d'apprendre à conduire et de prendre la route tous les jours. De même, pour affronter le risque de noyade en mer ou en piscine, on apprend à nager pour pouvoir profiter des sensations fortes et enivrantes que nous procurent les séances de natation en mer ou en piscine.

Le risque en bourse, comme dans le commerce, l'industrie ou simplement la vie de tous les jours, est présent à tous les niveaux : soit du côté de l'investisseur, soit du côté de l'entreprise cotée, soit de celui de l'environnement national ou international des entreprises. La crise sanitaire mondiale de la Covid-19 démontre que le risque est de plus en plus présent et imprévisible, quelles que soient les précautions que nous prendrons. En effet, malgré la menace grandissante de la pandémie de la Covid-19, les mariages et les naissances ne sont pas reportés, les anniversaires et autres fêtes religieuses continuent d'être célébrés. Le cours de la vie a certes ralenti, mais ne s'est pas arrêté, on a appris à vivre avec le virus malgré sa dangerosité. Donc le risque n'est pas un prétexte pour ne pas investir en bourse, car les opportunités y sont plus importantes, plus nombreuses que les risques et ce, surtout en période de crise où il faut préparer la reprise

[72] « Père riche, père pauvre introduction », ROBERT KIYOSAKI, Nouvelle édition 20e anniversaire page 26

[73] « Père riche, père pauvre introduction », ROBERT KIYOSAKI Nouvelle édition 20e anniversaire page 26

que nous souhaitons tous et travaillons à sa survenue (course au vaccin).

Mais nous allons principalement parler de trois types de risques en bourse : la dépréciation du capital investi lorsqu'on a des moins-values en portefeuille, le manque de formation et la fiscalité boursière.

1. Les moins-values

Le marché des obligations ne présente pratiquement pas de risques car il s'agit d'emprunts rémunérés à des taux d'intérêt fixes et déterminés à l'avance. En plus les débiteurs (États, institutions financières régionales, Établissements bancaires, sociétés privées) jouissent d'une certaine notoriété et font tout pour garder leur crédibilité au niveau des agences de notation, d'où la quasi-absence de risques sur ce compartiment de la bourse.

C'est plutôt le marché des actions qui présente le niveau de risque le plus élevé et ce risque a pour nom principalement : les moins-values ou la dépréciation de la valeur des actions du portefeuille. En effet, autant la hausse des actions sur le marché ou plus-values boursières valorise le portefeuille de l'investisseur, autant la baisse des cours ou moins-values boursières entraine la perte de valeur des actions en portefeuille et par ricochet la valeur totale du portefeuille. Autrement dit le vendeur de moutons de Tabaski ou d'articles de décoration pour la fête de Noël a intérêt à vendre avant la fête, au cas contraire leurs marchandises se déprécient automatiquement après la fête et pire encore, elles risquent de ne jamais trouver acheteur.

L'investissement sur des actions d'entreprises et les retombées en termes de dividendes et surtout de plus-values sont liés à des facteurs internes et externes. L'actualité économique, politique, judiciaire, entre autres, peut modifier aussi le comportement des investisseurs et entrainer une hausse ou baisse de la valeur d'un titre sur le marché boursier.

Au niveau interne, ce sont les valeurs économiques et financières intrinsèques des entreprises combinées à leurs performances de gestion sur une période allant de 3 à 12 mois en général qui déterminent, en grande partie la valeur des actions sur le marché boursier. En effet, le trimestre est une unité de mesure importante en bourse, car il correspond aux périodes de publication des résultats des entreprises cotées. Ces publications nous permettent de comparer l'activité ou la performance de l'entreprise entre deux trimestres de deux années différentes.

Quant aux facteurs externes, il s'agit plutôt du climat politique, social, sanitaire, environnemental, entre autres, in situ des entreprises cotées qui déterminent souvent les variations du cours d'une action.

Le plus souvent, dans un contexte de gestion normale, une action est censée réagir positivement à la suite de publications de résultats favorables ou d'annonce de paiement de dividendes intéressants. Ainsi, en temps normal, à chaque fois qu'une entreprise annonce de bonnes perspectives soit en termes de croissance de son chiffre d'affaires, du résultat ou des dividendes, les investisseurs réagissent favorablement à de telles publications entrainant du coup la hausse des actions des entreprises concernées.

À l'inverse et toujours en temps normal, si une entreprise cotée en bourse publie de mauvais résultats en termes de bénéfices ou de dividendes, certains investisseurs ont tendance à liquider leurs positions ou à diminuer leur stock d'actions, entrainant du coup la chute du cours des actions des entreprises concernées. L'annonce du Conseil d'administration de la Bank of Africa du Mali le 17 septembre 2019 prévoyant un résultat net prévisionnel négatif en fin 2019[74] a fait chuter l'action BOA Mali de 2 000 francs CFA le jeudi 19 septembre 2019 à 820 francs CFA le 09 octobre 2019 soit une moins-value de 1 180 francs en 20 jours en valeur absolue et – 59 % en valeur relative.

Cependant et surtout en période de crise, on remarque qu'une entreprise peut avoir de solides fondamentaux, déclarer des performances d'une gestion N à une gestion N – 1 et connaître une baisse du cours de son action sur le marché du fait de facteurs exogènes tels qu'une crise politique, économique ou sanitaire. D'où le caractère instable qui caractérise le marché des actions et rend le risque de dépréciation des valeurs sur ce marché élevé. Et en période de crise, les analyses boursières les plus performantes sont souvent inopérantes, car la peur et l'indécision font place à la rationalité et à l'optimisme qui caractérisent les investisseurs en bourse en temps normal.

C'est le cas par exemple de l'action SGB CI qui malgré les bonnes performances de l'entreprise entre 2018 et 2019 en termes de produit net bancaire (150 milliards en 2019 contre 127 milliards en 2018), de résultat net (50 milliards en 2019 contre 41 milliards en 2018) et de dividendes distribués bruts (9 milliards en 2019 contre 7 milliards en 2018) a vu son action chuter en passant de 8 750 F au 19 février 2020 à

---

[74] Note d'information au marché financier BRVM publiée le 20/09/2019 annonçant pour BOA Mali un résultat à fin juin 2019 négatif de – 9, 040 milliards de francs CFA. (Source Rich bourse).

7 000 au 14 août 2020, soit une dépréciation de 1 750 F par action en l'espace de 6 mois. Le tableau, ci – dessous, montre les bonnes performances financières de la première banque de Côte d'Ivoire :

INDICATEURS	EXERCICE 2019	EXERCICE 2018
Produit net bancaire PNB (CA)	150 316	127 970
Résultat Net	50 253	41 841
Dividende Brut total	9 333	7 000
Dividende brut par action	300	225
Dividende net	273	206
Réserves	109 813	76 431

Nota : Sources : Rich Bourse (chiffre PNB, RNET et Dividende brut et réserves en milliards)

Malgré la dépréciation de l'action SGB CI sur cette période caractérisée par la pandémie de la Covid-19 et de la période pré-électorale en Côte d'Ivoire, l'entreprise SGB CI reste très solide au regard surtout de ses réserves importantes.

Cependant, dans le long terme, il est généralement admis que les cours en bourse finissent toujours par monter. C'était d'ailleurs le cas au niveau de la BRVM jusqu'en fin 2018 et début 2019 : le cours des actions était très élevé. Cependant depuis le premier trimestre 2019, on note une baisse généralisée des cours des actions, alors que la plupart des sociétés en causes ne manifestent pas de signes de fébrilité. La crise sanitaire de la pandémie du Covid-19 est venue renforcer cette tendance baissière des cours au niveau de la BRVM.

Le tableau ci-dessous, de quelques entreprises évoluant dans des secteurs d'activité différents, illustre cette baisse généralisée des cours, malgré les publications de bénéfices en fin 2019 et les promesses de paiements de dividendes faites aux actionnaires, pour certaines d'entre elles (BOA BENIN, CORISBANK, ECOBANK CI, NSIA BANK CI, SGB CI et SONATEL SN).

Titre	**Cours au 15 /10/2019**	**Cours au 16/12/2019**	**Cours au 15/05/2020**	**Cours au 1/10/2020**
BERNABE CI	1 030	740	600	580
BOA BÉNIN	3 600	3 900	3 105	3 490
BOLLORE	1 450	1 500	1 370	1 185
CORISBANK	7 700	7 900	7 600	7 400
ECOBANK CI	2 600	3 400	3 000	3 000
NSIA BANK CI	3 225	5 000	3 000	3 200
SGB CI	7 705	7 780	7 645	6 300
SMB CI	3 325	2 500	2 600	2 750
SONATEL SN	14 900	14 000	14 250	11 600
UNIWAX CI	1 620	1 500	1 120	785

Si cette baisse fait peur à certains investisseurs, en ce qui me concerne, je trouve que, c'est une bonne opportunité surtout pour les nouveaux arrivants qui vont pouvoir profiter d'actions de qualité et à bon marché pour se constituer un portefeuille riche et diversifié, surtout que ce ne fut pas mon cas pour mes débuts en bourse en septembre 2018 période haussière pendant laquelle, j'avais acheté respectivement mes premières actions SONATEL à 20 700 F l'unité, TOTAL SN 1 480 F l'unité et VIVO ENERGY CI à 915 F l'unité.

Pour ceux qui sont déjà en bourse, c'est l'occasion de renforcer leurs positions sur certaines actions à fort potentiel dont les cours sont plus victimes de la situation baissière du marché que de la contre-performance financière des entreprises.

La baisse des actions constitue certes une menace pour la valeur du portefeuille, mais cela n'est pas irréversible car on peut soit vendre les actions en cause pour stopper la baisse, soit choisir cette période pour renforcer son portefeuille en prévision d'un futur rebond. C'est pourquoi il est important de suivre son portefeuille et de s'informer sur l'évolution du marché boursier. Ainsi, si on ne peut pas le faire au quotidien, il serait bon de le faire au moins une fois par semaine ou par mois, d'autant plus que cela ne prend pas beaucoup de temps. C'est souvent moins long que le temps qu'on passe dans les réseaux sociaux Facebook, WhatsApp, Instagram, Tik Toc, etc., à aimer, partager ou commenter.

2. Le manque de formation

L'autre risque en bourse est surtout lié au manque de formation ou d'éducation financière. En effet, l'investissement en bourse, comme le commerce, la chirurgie, la conduite automobile, le dressage d'animaux de cirque, entre autres métiers, demande un temps d'apprentissage. Cet apprentissage est plus pratique qu'académique, autrement dit c'est en apprenant à investir qu'on devient un investisseur. « Ce qui compte le plus c'est de passer à l'action et ne pas s'en tenir aux paroles et aux rêves d'être riche. »[75] Donc il faut surtout ouvrir un compte

[75] *Père riche, père pauvre* ROBERT KIYOSAKI, chapitre 1 leçon n° 1 p. 35 édition 2017.

titre, acheter des titres (actions, obligations, FCP) pour connaître véritablement leur valeur, au lieu de se contenter d'une simple revue quotidienne des cours ou des marchés boursiers à travers le monde ou au lieu de s'en tenir à : « il paraît que… », « on m'a dit… », etc.

Autrement dit, c'est quand on a des actions en portefeuille et qu'on vit en direct les variations du marché (hausses et baisses) et l'actualité interne et externe des entreprises cotées qu'on devient un investisseur en bourse. En effet, c'est la meilleure occasion qu'on a d'apprendre, de découvrir dans la réalité ce qui se raconte sur la bourse, de devenir un acteur des marchés financiers. C'est comme entre un simulateur de conduite automobile, et les frissons de première conduite automobile sur la route après l'obtention de son permis de conduire, période où, en Afrique, on affiche en gros caractère « ATTENTION DÉBUTANT(E) » pour susciter l'indulgence et la compréhension des autres conducteurs. C'est également le cas entre les cours de droit et la pratique du contentieux juridique au tribunal : devant la barre du tribunal, un professeur de droit perdrait facilement son latin.

Donc il faut investir pour vivre les frissons des moins-values en cas de baisse des cours des titres en portefeuille et l'enthousiasme, voire l'excitation des plus-values en cas de hausse des cours et de la perception des premiers dividendes en compte.

C'est la formation aussi qui nous permet de savoir combien l'information est importante pour l'investissement en bourse. En effet, l'information est un intrant indispensable à l'activité d'investissement en bourse. Car, au-delà de nous enrichir sur le plan intellectuel, elle nous permet souvent de ne pas paniquer, de pouvoir lire certaines baisses, de garder son calme et la patience, d'avoir des explications à certaines hausses, de trouver des justifications à certaines baisses et enfin de pouvoir anticiper sur certaines positions. Et cette information est disponible en quantité industrielle et accessible sur le NET pour tous les marchés boursiers dans le monde. Il suffit juste de savoir où la dénicher et comment l'exploiter pour en tirer le meilleur profit dans ses investissements en bourse.

L'information nous permet d'être plus serein et d'affronter les périodes de tension qui ne manqueront pas en bourse et d'anticiper sur les bonnes perspectives de performance des entreprises cotées, surtout en matière de dividendes.

La bourse est une autre école de la vie qui nous permet de mieux contrôler nos émotions, de démystifier l'argent, de comprendre la vertu de la patience.

3. La fiscalité boursière

Je ne saurai parler d'investissement en bourse sans évoquer la question de l'impôt qui est une de mes spécialités. Autrement dit, quel est le régime d'imposition applicable aux revenus des titres financiers communément appelés impôt sur le revenu des valeurs mobilières (IRVM). Je ne vais pas faire un cours là-dessus, mais simplement évoquer la norme communautaire applicable au niveau de l'UEMOA. En effet chaque État membre de l'UEMOA a dans son code général des impôts des dispositions spécifiques traitant du régime d'imposition des valeurs mobilières (actions, obligations) et des produits des valeurs mobilières (intérêts, dividendes, plus – values). Face à la distorsion des normes et pour d'une part, faire « la promotion des activités économiques et le renforcement des relations entre les opérateurs économiques de l'union » et d'autre part « éliminer les entraves au bon fonctionnement du marché commun, notamment la libre circulation des biens, des services et des capitaux », le législateur communautaire a jugé utile de proposer l'adoption de mesures fiscales incitatives qui se sont traduites par l'adoption de la directive n° 02/2010/CM/UEMOA portant harmonisation de la fiscalité applicable aux valeurs mobilières dans les États membres de l'UEMOA. Ainsi, le tableau ci-dessus décrit schématiquement les différents taux applicables aux intérêts, aux dividendes et aux plus-values résultant de placements agréés par le CREPMF :

REVENUES	TAUX	RÉFÉRENCES	PRÉCISIONS
DIVIDENDES (actions)	2 à 7 %	Article 4	Le taux est compris entre 10 et 15 % pour les sociétés non cotées en bourse (art.3)
PLUS-VALUES (actions)	7 %	Article 5	C'est un taux maximum, les Etats peuvent appliquer moins que ce taux.
PLUS-VALUES (obligations)	5 %	Article 8	Taux maximum, possibilité d'appliquer moins.
INTÉRÊTS	6 %	Article 6	Taux maximum autorisé. Possibilité d'exonération en fonction de l'institution émettrice ou de la durée

Remarque 1 : Les revenus distribués par les OPCVM et tous les placements collectifs agréés par le CREPMF sont exonérés d'impôt sur le revenu des valeurs mobilières (taux 0 % article 9 et 10).

Remarque 2 : Application du principe de non double imposition « les prélèvements effectués dans un État membre, sur les revenus des valeurs mobilières et les plus-values résultant de leur cession, sont libératoires de tous autres impôts et taxes équivalents, dans les autres États membres de l'UEMOA ». (Article 11)

Si au Togo, au Bénin, au Mali et au Niger la directive est respectée en ce qui concerne le taux d'imposition des dividendes (2 à 7 %), cependant on note tout à fait le contraire dans les autres pays membres de l'UEMOA notamment au Sénégal, en Côte d'Ivoire et au Burkina Faso. En effet, cette directive n'est pas encore respectée par de nombreuses entreprises cotées ou États qui continuent à appliquer par exemple aux dividendes des taux de 10 % au Sénégal et en Côte d'Ivoire, voire 12,5 % au Burkina Faso.

Quant à l'imposition des produits d'obligations, le taux de 6 % est largement respecté, ainsi que le taux 0 % (exonérations) pour les obligations émises par les États, les collectivités publiques et les institutions sous-régionales, notamment pour les investisseurs résidents de l'État émetteur.

VI. QUELLES STRATEGIES POUR INVESTIR SIMPLEMENT EN BOURSE ?

Les marchés boursiers sont aussi imprévisibles qu'un ciel en pleine saison des pluies. Le risque et le rendement s'y côtoient tels les éclairs et les grondements de tonnerre en cas d'orages, d'où l'intérêt d'avoir une stratégie ou un plan d'investissement en fonction des objectifs à court, moyen, ou long terme ou du profil d'investisseur qui tient compte du niveau de notre sensibilité au risque. En effet, si certains investisseurs viennent en bourse pour diversifier leurs sources de revenus, d'autres y viennent pour préparer leur retraite. Quant aux investisseurs institutionnels, ils viennent en bourse surtout pour investir dans la croissance des entreprises en vue de profiter de leurs retombées dans le long terme grâce aux dividendes et à la valorisation boursière. C'est vrai que de nombreuses astuces ou outils d'analyses telles que l'analyse technique[76], l'analyse fondamentale[77], l'analyse financière[78] sont élaborés par les professionnels pour aider à la prise de décision en bourse. Ces analyses reconnues et utilisées à l'échelle mondiale marchent plus sur des types de marchés financiers standards où les entreprises cotées sont nombreuses et les volumes de transaction quotidiens importants. Ce qui n'est pas encore le cas pour la BRVM. En outre, ces analyses aussi performantes et

---

[76] C'est une méthode qui s'applique à tous les types d'instruments financiers du moment qu'ils ont une représentation graphique (actions, devises, produits dérivés, matières premières, trackers …). Cet outil se proclame capable de prédire la direction future du prix d'un titre financier en étudiant les prix et les volumes des transactions passées. (Café de la bourse).

[77] C'est la méthode qui a pour but de déterminer la valeur d'un titre financier en se focalisant sur les facteurs sous – jacents qui influent sur l'activité présente et future de l'entreprise. La méthode fait référence à la santé économique d'une entreprise, par opposition à la seule fluctuation des prix. (Café de la bourse).

[78] C'est une technique basée sur la comptabilité de l'entreprise, en la comparant à l'environnement économique dans le but de mieux comprendre quels sont les atouts et les faiblesses de l'entreprise étudiée. (Stratégie – bourse.com).

perfectionnées qu'elles soient ne sont pas une garantie tous risques en bourse, surtout en périodes de crises. Cependant, pour faire simple, je vais vous apprendre ma méthode qui s'approche plus de l'analyse financière et qui m'a permis encore de survivre en bourse, avec les recommandations suivantes : investir régulièrement, acheter bas, acheter des actions à fort potentiel et être patient.

1. Investir régulièrement et dans la durée

Encore une fois, disons-nous la vérité, l'investissement en bourse comme, l'investissement dans les autres secteurs d'activité, demande du temps et une certaine régularité. Rien à voir avec les nombreuses publicités sur Facebook ou YouTube qui vous promettent la richesse dans le marketing réseau, le drop shipping, dans la formation ou autres tendances du commerce électronique, en quelques jours.

Pour se constituer un bon portefeuille en bourse, il faut investir régulièrement et pendant au moins deux (02) ou trois (03) années consécutives et se fixer un objectif de 5 à 10 ans. Dans la partie d'éducation financière, je vous invitais, à prendre l'habitude d'investir au moins le quart de ce que vous gagnez.

En effet, on ne peut pas passer de tablier à boutiquier, puis à grossiste sans une certaine régularité et un certain temps dans le commerce. En effet, les commerçants grossistes vous diront qu'ils ont mis 10, 15 à 20 ans avant de jouir de leur situation de distributeur en gros. De même, certains exploitants artisanaux ou agricoles mettent souvent une quinzaine d'années avant de gérer leur première moyenne industrie. De la même manière, en bourse, pour avoir un compte titre de millionnaire en francs CFA, il faut bâtir son portefeuille étape par étape en ne lésinant pas sur les moyens et en gardant la patience du commerçant ou de l'industriel. Ce temps est important, dans une bourse comme celle de la BRVM, car il nous permet de nous habituer au marché, de mieux connaître les entreprises cotées et de vivre en direct les différentes évolutions et révolutions de ce jeune marché boursier. C'est comme nos vendeuses de poissons ou de fruits et légumes, elles peuvent vous décrire les différents prix pratiqués sur leurs marchés pendant les différentes saisons ou périodes de l'année. Autrement dit, les commerçants investissent en fonction de leur connaissance du marché dans lequel ils évoluent et en tenant en compte les habitudes et le comportement des clients tout au long de l'année (calendrier scolaire, fêtes professionnelles ou confessionnelles, etc.)

Investir chaque mois, chaque trimestre, voire chaque année en fonction de la régularité de ses revenus permet de constituer un bon portefeuille titres sans trop forcer. Par exemple pour avoir 200, 300, 500 voire 1 000 actions d'une bonne entreprise, consacrez votre épargne mensuelle ou trimestrielle à acheter les actions de cette entreprise pendant une année. À la fin de l'année, sans trop forcer vous allez vous retrouver avec un bon volume de cette action en portefeuille et profiter pleinement des dividendes le cas échéant.

C'est d'ailleurs ce que je fis à mes débuts en bourse pour avoir beaucoup d'actions SONATEL. Vu que l'action était chère à l'époque (c'était en fin 2018 et le prix tournait autour de 20 000 F), je me suis mis à en acheter par 5, 10, 15, à chaque fois que j'avais de la liquidité. Un an plus tard au mois de mai 2019, j'en avais 250 en portefeuille, ce qui m'avait permis d'encaisser 375 000 FCFA de dividendes sur cette action (cf. tableau des dividendes encaissés en 2019). C'est comme en sport, pour profiter pleinement des vertus de l'activité sportive, il vaut mieux en faire peu régulièrement, plutôt que de se défoncer occasionnellement.

2. Acheter bas

En bourse, certes le nom des entreprises cotées est important, notamment en rapport avec la marque, le secteur d'activité, la performance de l'entreprise, son potentiel de croissance, etc., mais plus que sur le nom, il faut s'appesantir, surtout quand on cherche des plus-values, sur le prix des actions pour voir si leur prix est cher ou abordable. Pour ce faire, avant d'acheter une action, il faut interroger l'historique de son cours sur une certaine durée de (6 mois à 1 an au moins) pour vérifier si le cours est haut (cher) ou bas (abordable, bon marché). Et s'il est à son plus haut niveau, à moins de vouloir des dividendes, il est préférable de rechercher d'autres actions.

Donc, l'autre astuce que j'ai apprise en bourse, c'est qu'il faut acheter bas ou à bon marché pour pouvoir bénéficier de tout le potentiel des actions. En achetant bas, cela nous permet d'abord d'acheter beaucoup plus d'actions, ensuite cela nous permet de mieux résister aux périodes de baisse en n'enregistrant presque pas de moins-values, cela nous permet enfin de gagner plus de dividendes.

En effet, quand le marché baisse, des actions qui étaient hors de portée deviennent subitement accessibles, c'est pourquoi d'une part, il ne faut pas avoir peur des baisses, et d'autre part il faut toujours avoir de la liquidité disponible en compte titre pour pouvoir profiter des baisses qui, souvent, ne durent pas. Ainsi à titre d'exemple l'action NSIA BANK CI s'échangeait au 03 février 2020 à 5 650 FCFA, deux mois plus tard, le 30 mars 2020, elle était descendue jusqu'à 3 000 FCFA. En conséquence si avec 150 000 FCFA on ne pouvait acheter que 26 actions NSIABANK CI au 03 février, avec ce même montant, on pouvait se procurer 50 actions de la même société deux mois plus tard, sans les frais. Le nombre d'actions en portefeuille pourrait être multiplié par 2 avec 300 000 FCFA, par 3 avec 450 000 FCFA, par 4 avec 600 000 FCFA et par 8 avec 1 200 000 FCFA de liquidité disponible dont on n'a pas besoin dans l'immédiat et qui ne fait que dormir quelque part dans son armoire son compte courant ou d'épargne. Et si vous êtes un immigré africain investisseur en euros ou en dollars sur le marché boursier de la BRVM, imaginez ce que serait la taille et la valeur de votre portefeuille en 2 ou 3 ans en renouvelant le même type d'opérations. C'est une bonne retraite assurée en dix ans ou des vacances dorées au pays tous les deux ans.

Acheter bas ou à bon marché les actions est le meilleur moyen de se préserver des moins-values, donc de la dépréciation du portefeuille qui est courante en bourse. Ainsi, surtout en période de crise, le marché aura beau baisser, cette baisse ne risque pas de menacer vos positions. Vous pourrez avoir certes des moins-values, mais celles-ci ne seront pas importantes.

Enfin en achetant à bon marché comme cela nous permet d'acheter plus d'actions, en cas de distribution de dividendes le nombre d'actions nous permet de recevoir beaucoup de dividendes, car le dividende net est proportionnel au nombre d'actions détenues en portefeuille.

Pour acheter bas ou à bon marché, il suffit juste d'étudier l'historique du cours des actions en utilisant un tableau Excel faisant ressortir sur une certaine période (6 mois à 1 an) au moins, comme ci-dessous, le cours le plus bas, le cours le plus haut et le cours moyen. Ceci est facile pour une bourse où les entreprises cotées ne sont pas nombreuses, comme c'est le cas encore à la BRVM (45 entreprises cotées), à la bourse du Ghana (38 entreprises cotées) et à la bourse du Maroc (76 entreprises cotées).

Le tableau ci-dessous vous permet facilement de suivre les différentes variations des cours des actions sur une certaine période.

Période : entre deux dates (6 mois à 1 an)

Titre	**Cours actuel**	**Maximum**	**Minimum**	**Moyen**	**Variation**

- Dans la rubrique titre, il faut renseigner l'entreprise cotée.

- Cours actuel fait référence au cours de l'action à la dernière séance de cotation.

- Maximum = plus forte hausse.

- Minimum = plus forte baisse.

- Moyen = le cours le plus fréquent sur la période considérée, au lieu de la différence entre le cours le plus haut et le cours le plus bas.

- Variation correspond à la plus ou moins-value du titre.

Ces informations sont également disponibles sur certains sites spécialisés tels que Richbourse, Sika Finance, African Market, etc.

3. Savoir vendre

En bourse, c'est bien d'acheter beaucoup de titres, mais il faut savoir vendre aussi. La plupart des conseils boursiers ne vous parlent que d'achat, mais rarement de vendre. Or pour jouir du produit de ses investissements, il faut vendre soit parce qu'on a des plus-values intéressantes, soit parce qu'on a une urgence à régler en toute discrétion, soit parce qu'il y a une baisse des cours qui risque de déprécier notre portefeuille de titres. Quelquefois, il faut simplement vendre pour se faire plaisir, se faire de la liquidité en portefeuille et tester la liquidité des titres détenus ou du marché boursier. Cependant, pour bien vendre ses actions, il faut acheter des actions liquides et bon marché (bas). Ainsi, il nous sera plus confortable de conserver nos positions et de pouvoir facilement avoir des plus-values, sans avoir à attendre des années. Les plus-values non réalisées (vendues) peuvent nourrir des regrets surtout en période de baisse, car les plus-values contrairement aux dividendes sont fusibles et volatiles. Elles sont très sensibles à la variation des cours. Donc achetons chaque fois que c'est possible pour diversifier et renforcer notre portefeuille, mais vendons, sans état d'âme, pour profiter soit des plus-values, soit pour faire face à des imprévus, soit enfin pour limiter les dégâts en période de baisse ou de dégradation des fondamentaux de l'entreprise dont on a les actions en portefeuille.

4. Investir dans des actions à potentiel

Par actions à potentiel, il faut entendre ici des actions qui peuvent générer des plus-values et des dividendes. Il ne sert à rien d'acheter des actions qui ne fluctuent pas et dont les sociétés ne versent pas de dividendes. En effet, c'est la fluctuation ou la montée et la baisse des cours des actions qui favorisent les plus-values. Et celles-ci nous permettent de gagner rapidement de l'argent en bourse, car pouvant se reproduire 2 ou 3 fois dans l'année, là où le dividende ne tombe qu'une fois par année. Ainsi, des actions comme SONATEL, TOTAL CI, NSIA BANK CI, BICI CI, etc. sont des actions sur lesquels j'ai gagné des dividendes et des plus-values en 2019. Aussi, en plus des plus-values, nombreuses sont les entreprises cotées à la BRVM qui versent régulièrement des dividendes et la crise sanitaire de la Covid-19 n'a pas découragé ces entreprises qui, en quelque sorte, en distribuant des dividendes à leurs actionnaires en pleine crise sanitaire et économique, ont soulagé les nombreux investisseurs de la BRVM. Le tableau ci-dessous montre les entreprises qui ont volé au secours de leurs actionnaires entre les mois de mai et juin 2020 en plein début de la pandémie de la covid-19, moment où en Europe on recommandait aux entreprises d'éviter les distributions de dividendes, redonnant ainsi le sourire aux investisseurs de la BRVM. Il s'agit de :

Titre	Dividende net en FCFA	Date de paiement	Rendement %
BOA BF	370	15/05/20	11.56
BOA BÉNIN	436	20/05/20	12.64
SONATEL SN	1 225	20/05/2020	9.65
BOA NIGER	429	26/05/20	11.94
ONATEL BF	387	10/06/20	13.35
BOA CI	315	15/06/2020	11.56
BOA SN	161	19/06/2020	11.93
SIB CI	270	19 /06/20	11.02

Taux de rendement : source RichBourse

Taux de rendement = Dividende brut/cours de l'action

Le compte titre n'est pas un compte courant bancaire, mais plutôt un compte d'investissement. Donc il faut travailler plus à l'alimenter pour augmenter ses investissements et améliorer la taille de sa colonne d'actifs. Quand vous y mettez de l'argent, achetez de bons actifs (actions), c'est – à – dire des actions de qualité à bon prix et conservez-les le plus longtemps possible afin de pouvoir jouir du produit de ces actifs en termes de dividendes ou de plus-values dans le futur. À ce propos, le coach Robert Kiyosaki nous confie : « Quand je vous dis de vous occuper de vos propres affaires, je vous propose d'édifier votre colonne de l'actif et de veiller à ce qu'elle reste solide. Quand un dollar (FCFA) y entre, ne l'en laisser jamais sortir. Envisagez donc cela de la manière suivante : lorsqu'un dollar entre dans votre colonne de l'actif (votre compte titre), il devient votre employé. Ce qu'il y a de plus extraordinaire concernant l'argent, c'est qu'il travaille 24 heures par jour et qu'il peut continuer de le faire pendant plusieurs générations. Conservez votre emploi de jour, soyez un employé qui travaille très dur, mais continuez d'ériger, de construire cette colonne de l'actif. »[79]

Donc en bourse, il ne faut pas acheter juste le nom des entreprises, mais plutôt choisir les actions en fonction de leur potentiel soit en termes de dividendes, soit en termes de plus-values.

VII. QUEL EST LE LANGAGE TECHNIQUE NECESSAIRE A LA COMPREHENSION DU MARCHE BOURSIER DE LA BRVM ?

La bourse n'est pas aussi compliquée comme certains tentent de vous le faire croire. Quand on peut utiliser un smartphone, on peut investir librement en bourse. Toutefois, il faut apprendre les rudiments liés au fonctionnement du compte titre, savoir lire les cours et pouvoir passer des ordres. Et la meilleure façon d'apprendre c'est d'avoir un compte titre fonctionnel en gestion libre, car comme le dit l'adage populaire : « c'est en forgeant qu'on devient forgeron ». Ce qui peut vous aider aussi à vous familiariser avec la bourse ce sont les nombreuses formations le plus souvent gratuites que les sites spécialisés vous proposent en ligne. Investissez aussi dans la formation avec les cours en ligne payants, car selon Arnaud Boti[80] : « la formation est l'essence de tout succès ».

---

[79] « Père riche, père pauvre », ROBERT KIYOSAKI nouvelle édition, 20e anniversaire p.128

[80] Arnaud Boti, Publiciste, Marketing Manager, Formateur, Lecture, Développement personnel, Côte d'Ivoire, Abidjan. Citations Succès & Formation.

Aujourd'hui Internet nous permet d'investir dans notre temps libre pour apprendre toutes sortes de techniques ou de connaissances. Par conséquent il ne faut surtout pas se priver, d'autant plus qu'on aime perdre du temps oh ! combien précieux en Afrique dans des palabres ou des débats politiques, inutiles, sans aucune valeur ajoutée. En outre l'investissement en bourse ne prend pas beaucoup de temps, il ne requiert pas une certaine logistique comme les activités agricoles, commerciales ou la petite industrie, c'est juste une façon simple de « faire travailler son argent » comme nous l'enseigne Robert Kiyosaki. La bourse, c'est un marché 100 % digital, les produits (actions, obligations) qu'on y échange sont également digitaux, les ordres d'achat et de vente aussi se font en ligne, donc quoi de plus simple comme forme d'investissement.

C'est un investissement plus intellectuel que physique.

La compréhension des outils ci-après, vous permettra d'apprivoiser la plateforme du marché boursier de la BRVM et de faire vos premiers pas en bourse en toute quiétude.

1. L'indice BRVM 10

C'est un indicateur représentatif des activités du marché financier. L'indice BRVM 10 est constitué des 10 sociétés sur les 45 cotées en bourse dont les actions s'échangent le plus facilement, ou dont les actions sont les plus liquides sur un trimestre donné. Ainsi, chaque trimestre, par avis, la BRVM publie la liste des dix (10) entreprises composant cet indice bousier du marché des actions. C'est le cas d'une part de l'avis n° 036 — 2020/BRVM/DG du 1er avril 2020 indiquant la composition de l'indice BRVM 10 du premier trimestre 2020 et d'autre part de l'avis n° 112 – 2020

/BRVM/DG du 1er juillet 2020 déterminant la composition de l'indice BRVM 10 pour le deuxième trimestre 2020. La comparaison des deux indices montre des sociétés entrantes et des sociétés sortantes d'un trimestre à l'autre, traduisant l'intérêt des investisseurs pour certaines entreprises, au détriment d'autres d'un trimestre à un autre. Ainsi, on remarquera que les entreprises CIE CI et ORAGROUP TG qui sont sorties de l'indice BRVM 10 au premier trimestre 2020 sont revenues dans l'indice BRVM 10 au 2e trimestre. Aussi, BOLLORE TRANSPORT & LOGISTICS CI, BOA SÉNÉGAL ET CFAO MOTORS CI qui avaient réussi à intégrer l'indice BRVM 10 au 1er trimestre 2020, en sont sorties au deuxième trimestre 2020.

Le tableau ci-dessous fait apparaître les évolutions du classement de l'indice BRVM 10 entre le 1er et le 2e trimestre 2020 :

AVIS N° 36 – 2020 du 1er trimestre 2020 AVIS N° 112 – 2020 du 2e trimestre 2020

COMPOSITION 1ER TRIMESTRE 2020				**COMPOSITION 2ème TRIMESTRE 2020**		
1	ECOBANK ETI	ETIT		1	SONATEL SN	SNTS
2	SONATEL SN	SNTS		2	ECOBANK ETI	ETIT
3	TOTAL CI	TTLC		3	ONATEL BF	ONTBF
4	ONATEL BF	ONTBF		4	SOCIÉTÉ IVOIRIENNE DE BANQUE CI	SIB
5	SOCIETE GENERALE CI	SGB CI		5	ECOBANK CI	ECOC
6	SOCIÉTÉ IVOIRIENNE DE BANQUE CI	SIBC		6	BOA BÉNIN	BOAB
7	ECOBANK CI	ECOC		7	ORAGROUP TG	ORGT

8	BOLLORE TRANSPORT ET LOGISTICS CI	SDSC		8	VIVO ENERGY CI	SHEC
9	BOA SÉNÉGAL	BOAS		9	CIE CI	CIEC
10	CFAO MOTORS CI	CFAC		10	BOA BURKINA FASO	BOABF
	SOCIÉTÉS SORTANT			**SOCIÉTÉS SORTANT**		
1	TOTAL SENEGAL	TTLS		1	TOTAL CI	
2	CIE CI	CIEC		2	SOCIETE GENERALE CI	ORGT
3	ORAGROUP TG	ORGT		3	BOLLORE TRANSPORT & LOGISTICS CI	SDSC
				4	BOA SÉNÉGAL	BOAS
				5	CFAO MOTORS CI	CFAC
	SOCIÉTÉS ENTRANT			**SOCIÉTÉS ENTRANT**		
1	BOLLORE TRANSPORT & LOGISTICS CI	SDSC		1	BOA BÉNIN	BOAB
2	BOA SÉNÉGAL	BOAS		2	ORAGROUP TG	ORGT
3	CFAO MOTORS CI	CFAC		3	VIVO ENERGY CI	SHEC
				4	CIE CI	CIEC
				5	BOA BURKINA FASO	BOAF

Donc chaque trimestre, en fonction des volumes de transactions, la BRVM procède à une sélection des 10 titres les plus dynamiques du marché des actions pour en faire l'indice BRVM 10. Et d'un trimestre à un autre, la composition peut changer, comme en témoigne la comparaison ci-dessus. Cependant, le fait pour une action de ne pas être dans l'indice ne signifie pas que cette action n'est pas liquide. L'indice mesure, en quelque sorte, le degré de liquidité des actions des entreprises cotées entre elles et instaure une certaine compétition entre ces sociétés en termes de présence ou non dans ce classement et de longévité dans ce classement. Ainsi, une entreprise comme la SONATEL semble avoir signé un bail emphytéotique avec l'indice BRVM 10, traduisant le niveau de liquidité élevé de cette action phare de la BRVM.

Sur d'autres marchés financiers, cet indice est déterminé à partir des plus grandes capitalisations boursières comme le S&P 500 aux États-Unis, le DAX 30 en Allemagne ou le CAC 40 en France qui rassemble les quarante plus grandes entreprises de la bourse parisienne.

L'indice BRVM 10 est un indicateur très important, car renseignant sur le caractère liquide d'une action. Autrement dit, les actions figurant dans l'indice BRVM 10 sont très liquides, c'est à dire on peut facilement en acheter, comme on peut facilement en vendre. En effet, en bourse, toutes les actions ne sont pas liquides, car autant il y a des actions difficiles à acheter, faute de vendeurs, autant aussi il y a des actions difficiles à vendre, car n'intéressant pas les investisseurs. J'en ai fait l'expérience avec l'action SAFCA CI (ALIOS FINANCE CI) que j'avais mise en ordre de vente du 17 juin 2020 au 26 juin 2020, sans trouver preneur. Finalement je me suis résolu à la garder en espérant un regain d'intérêt pour cette action dans le futur. La preuve, cette action a connu une envolée spectaculaire entre le 10 avril 2019 et le 24 juillet 2019, en passant de 215 FCFA à

580 FCFA, générant une plus-value de 365 FCFA à l'unité soit une variation de + 169 %. Ainsi, quelqu'un qui en aurait acheté 1 500 au prix de 215 F soit une valeur de 322 500 HT, verrait la ligne de ce titre en portefeuille passer de 322 500 à 870 000 F (580 F x 1500 = 870 000F). Il aurait alors, en vendant ses actions à cette date, réalisé une plus-value de 547 500 HT (870 000 – 322 500 = 547 500) en 3 mois seulement.

En somme, à titre de rappel, la bourse, bien qu'elle soit un lieu d'investissement et de spéculation, n'est point de la loterie. En y venant pour parier, on a plus de chance de perdre de l'argent que d'en gagner. En effet, le temps de maturité des actions, de réalisation des performances en entreprise est souvent plus long que le temps d'un pari à la loterie. Aussi les gains en bourse sont plus probables et prévisibles que les gains à la loterie, d'où l'intérêt d'apprendre et de se former à investir en bourse afin de diversifier ses sources de revenus, « d'étoffer sa colonne d'actif »[81], par opposition à la colonne de passif comme nous l'enseigne Robert Kiyosaki, et d'affronter l'avenir avec confiance et sérénité.

2. Le TOP 5

C'est un indicateur qui mesure au quotidien les cinq actions qui se sont appréciées le plus au cours d'une séance de cotation. C'est juste un indicateur qui traduit l'intérêt que les acheteurs portent à certaines actions. Sa composition évolue d'heure en heure au cours de la séance de cotation (entre 9 h 15 mn et 15heures). Il peut être un bon repère pour

---

[81] *Père riche, père pauvre*, ROBERT KIYOSAKI nouvelle édition, 20e anniversaire p.115

ceux qui veulent liquider leurs positions et pour certains acheteurs.

Plus le volume d'achat d'un titre est élevé au cours d'une séance de cotation, plus son taux de hausse est élevé, jusqu'à la limite de hausse fixée par le marché. Et au niveau de la BRVM le seuil de hausse quotidien autorisé est de 7,5 %. Autrement dit, la performance quotidienne à la hausse ne peut pas dépasser + 7.5 %. C'est une façon de limiter la volatilité des titres. Ce taux varie d'un marché boursier à un autre. Il y a d'autres techniques de limitation de la volatilité des titres comme la fixation d'un minimum de volume de titres à échanger sur une valeur pour en modifier le cours en bourse. « La Nigérian Stock Exchange (NSE) a publié le 10 octobre 2019 une nouvelle instruction portant sur les quantités minimales de titres à échanger sur une valeur pour en modifier le cours. Selon la nouvelle directive, il faudra désormais un minimum de 100 000 titres échangés sur une valeur pour que son cours en bourse soit impacté »[82]. Aussi, quand on a des actions en portefeuille, on souhaite les voir figurer dans le Top 5, ce qui signifie une valorisation dudit portefeuille en fin de journée. Et si tout le Top 5 est en portefeuille avec des variations de 5 à 7 %, c'est alors le jack pot pendant cette séance de cotation surtout si on a en portefeuille des volumes de titres en centaine ou milliers d'unités.

[82] JEAN MERMOZ KONANDI : « Nigéria : désormais un minimum de 100 000 titres à échanger sur une valeur pour modifier son cours en bourse » *Sika Finance* le 11 octobre 2019.

Voici, à titre illustratif, la composition du TOP 5 de la BRVM à la clôture de la séance de cotation du vendredi 24 juillet 2020 :

TOP 5	Cours	Variation
STBC	610	7,02 %
SIVC	245	6,52 %
FTSC	1 270	6,28 %
SDCC	3 000	3,45 %
BOAC	2 750	1,85 %

3. Le FLOP 5

À l'opposé du TOP 5, le FLOP 5 comme son nom l'indique détermine les cinq actions qui, au cours d'une séance de cotation, ont réalisé les plus fortes baisses. C'est aussi un classement qui évolue durant toute la séance de cotation. Il peut être un bon repère pour les vendeurs, mais surtout pour les acheteurs.

C'est le volume des ventes qui détermine le classement dans le FLOP 5, donc plus une action est vendue au cours d'une séance de cotation, plus son taux de dépréciation augmente, et ce, jusqu'à la limite du taux de dépréciation maximal autorisé par le marché. Et la limite de baisse quotidienne autorisée ne dépasse pas – 7.5 % à la Brvm. À ce niveau-là aussi personne ne souhaite que ses actions en portefeuille soient dans ce classement, ce qui se traduirait à la clôture de la séance de cotation par une baisse des lignes concernées et du total portefeuille. Par contre, le flop 5 peut être un bon indicateur pour les acheteurs qui vont dégoter ainsi des actions bon marché.

Voici, à titre illustratif, la composition du FLOP 5 de la BRVM à la clôture de la séance de cotation du vendredi 24 juillet 2020.

FLOP 5	Cours	Variation
SEMC	175	-5,41 %
SIBC	2 425	-2,22 %
SAFC	295	-1,67 %
SCRC	500	-0,99 %
BOABF	3 175	-0,78 %

Toutefois, le TOP 5 et le FLOP 5, même s'ils sont importants au cours d'une séance de cotation, ne sont pas suffisants pour déterminer l'attitude à la vente ou à l'achat d'un investisseur en bourse. Ses analyses doivent aller au-delà de ces indicateurs ou signaux temporaires, en s'intéressant à l'historique des cours des actions (plus forte hausse, plus forte baisse), à la santé financière de l'entreprise, à sa politique de dividende, à l'environnement économique et politique interne et externe de l'entreprise dont les actions sont en jeu.

Le marché boursier est souvent le lieu de confrontation ou d'opposition des souhaits ou espérances des investisseurs. En effet, au moment où ceux qui ont des positions positives ou en hausse prient pour que la hausse se poursuive, d'autres qui sont en attente prient pour que ces cours baissent afin qu'ils puissent acheter ces titres. En effet, il m'est arrivé de liquider mes actions à la suite de l'encaissement des dividendes, en pariant sur une baisse de cette action et malheureusement, l'action en question n'a pas baissé, elle a augmenté les séances suivantes ; faisant le bonheur de ceux qui avaient gardé leurs positions. Et à chaque séance de cotation je souhaitais la baisse de cette action pour en racheter encore, et je vous l'avoue, mon attente a été longue.

Donc en bourse, les hausses comme les baisses nourrissent autant de regrets que d'enthousiasme de la part des investisseurs.

4. Les Cours

Ce sont les prix des actions. À chaque séance de cotation, il y a un prix à l'ouverture et un prix à la clôture. Le prix à l'ouverture est souvent le prix de la clôture de la veille. Quant au prix de clôture du jour, il est fixé à la fin de la journée de cotation (15 heures 00 mn) et prend en compte les différentes transactions enregistrées (achats et ventes) sur un titre. Ainsi, le cours de clôture est en hausse s'il y a eu plus d'achats que de ventes de l'action considérée au cours d'une séance de cotation. Il est en baisse si l'action considérée a enregistré plus de ventes que d'achats pendant une séance de cotation. Ainsi, une action peut enclencher un cycle haussier sur une certaine période, comme elle peut aussi à contrario enclencher un cycle baissier pendant un certain temps. Le cours représente une référence, un signal surveillé de très près par les investisseurs car, au-delà des actions, les cours déterminent au quotidien la valeur du portefeuille de l'investisseur.

5. Les volumes

Les volumes comptabilisent le nombre de titres échangés sur une période donnée. En bourse, les transactions entre les investisseurs (acheteurs et vendeurs) sont représentées par les volumes d'activité qui déterminent à leur tour les mouvements de hausse ou de baisse des actions. Et il faut savoir qu'à chaque fois qu'il y a achat, cela correspond à une vente et à chaque fois qu'il y a une vente, cela correspond également à un achat entre deux investisseurs. Les volumes s'analysent de façon quotidienne. Ainsi, l'analyse des volumes en un temps T traduit la situation du marché. Au niveau de la BRVM la situation des volumes évolue de 10 h 15 mn à 15 heures. Toutefois, les adeptes de l'analyse technique utilisent les volumes de transaction sur une semaine, un mois, un trimestre pour faire des prévisions boursières.

Sur la plateforme BRVM, par exemple, les cours, les volumes, les variations sont matérialisés comme dans le tableau ci-dessous.

Un aperçu d'une partie du tableau de clôture de la séance de cotation du lundi 12 octobre 2020 à 15 h 30 mn, illustré ci-dessous, donne une idée de quelques volumes, des cours à l'ouverture et à la clôture et les variations correspondantes :

Symbol	Nom	Volume	Previous price	Opening price	Closing price	Variation
ABJC	SERVAIR ABIDJAN COTE D'IVOIRE	175	750	795	750	-5.66
BICC	BICI COTE D'IVOIRE	0	4 900	0	4 900	0
BNBC	BERNABE COTE D'IVOIRE	14	575	580	580	0,87
BOAB	BANK OF AFRICA BENIN	122	3 490	3 490	3 490	0
BOABF	BANK OF AFRICA BURKINA FASO	936	3 200	3 200	3 210	0,31
BOAC	BANK OF AFRICA COTE D'IVOIRE	83	2 770	2 775	2 800	1,08
BOAM	BANK OF AFRICA MALI	1 750	1 040	1 010	1 050	3,96
BOAN	BANK OF AFRICA NIGER	553	3 405	3 450	3 450	1,32
BOAS	BANK OF AFRICA SENEGAL	3 500	1 400	1 390	1 400	0
CABC	SICABLE COTE D'IVOIRE	34 088	950	950	945	-0,53
CBIBF	CORIS BANK INTERNATIONAL BURKINA FASO	25	7 500	7 400	7 400	-1,33
CFAC	CFAO MOTORS COTE D'IVOIRE	0	360	0	360	0
CIEC	CIE COTE D'IVOIRE	30	1 100	1 100	1 100	4,76
ECOC	ECOBANK COTE D'IVOIRE	1 184	2 890	2 895	2 890	-0.34
ETIT	Ecobank Transnational Incorporated TOGO	1 978	13	13	13	0
FTSC	FILTISAC COTE D'IVOIRE	263	1 055	1 125	1 055	-4.09

….. …… ….. …… …… …. ……

- Le symbole ou sigle correspond à l'acronyme donné à l'entreprise au moment de son introduction en bourse.

- Le nom représente la raison sociale de l'entreprise ou son identité sociale.

- Le volume désigne le nombre de transactions sur un titre en une séance de cotation.

- Prévious price, signifie ici, le prix antérieur de l'action et c'est le prix à la clôture de la séance précédente.

- Opening price signifie le prix de l'action à l'ouverture du marché à 9 heures 15 mn GMT.

- Closing price désigne ici le prix à la clôture du marché à 15 heures GMT

- Variation exprimée en pourcentage (%) désigne le taux de hausse ou de baisse d'une action soit en cours de cotation (exemple entre 9 h 15 mn et 10 h 15 mn) soit entre la clôture d'une précédente séance et l'ouverture d'une nouvelle séance de cotation (exemple entre mardi et lundi ou lundi et vendredi).

6. Les ordres

Un ordre en bourse c'est une requête permettant d'acheter ou de vendre un titre (actions, obligations) coté sur les marchés financiers. L'article 42 du règlement général définit l'ordre comme : l'« ensemble d'instructions relatives aux conditions de négociation d'une valeur mobilière ». Il doit préciser : le type d'opération (achat ou vente), son objet (sur quel titre il porte), la quantité, le cours et la durée de validité. On passe les ordres via la plateforme des SGI qui ont des modèles types.

Exemple 1 : Type d’ordre de vente à cours limité

Ordre de vente		Date	Heure
		06/07/20	9 h 25 mn
DÉSIGNATION	BOA BENIN		
QUANTITÉ	200		
COURS	**3 500**		
VALIDITÉ	1,2, 3 jours	Indiquer la date	

Exemple 2 : Type d’ordre d’achat au marché

Ordre d’achat		Date	Heure
		06 /07/20	9 h 30 mn
DÉSIGNATION	BOA SÉNÉGAL		
QUANTITÉ	200		
COURS			
VALIDITÉ	Ouverture	C’est la date du jour	

NB : La différence entre ordre au marché et ordre à cours limité tient au fait que l’ordre au marché est un ordre au jour de cotation, sans fixation de prix et dont l’exécution est prioritaire sur tous les autres types d’ordres. En revanche, dans le cas de l’ordre à cours limité, on détermine à l’avance son prix d’achat ou de vente et en plus la validité est plus longue (1 jour, une semaine, un mois, etc.).

Il y a aussi l’ordre passé, avec le type « meilleur limite » sur certaines plateformes.

À défaut de pouvoir utiliser la plateforme d’émission des ordres, on peut le faire manuellement sur tableau Excel et l’envoyer à sa SGI. Dans ce cas, il se présente comme suit :

Type d'ordre manuel de vente ou d'achat de titres : lundi 06 juillet 2020

Titre	Quantité	Prix	Date de validité
TOTAL CI	150	Marché	
ECOBANK ETI	5 000	Marché	
BOA Mali	300	1 100	10 /07 /2020
ORABANK	75	4 000	08/07 /2020
BOA BÉNIN	50	3 500	07/07/2020

- Le titre représente l'action que l'on veut acheter ou vendre ;
- La quantité fait référence au nombre d'actions qu'on veut acheter ou vendre ;
- Le prix correspond au prix d'achat ou de vente souhaité. Ce prix peut être au marché, à cours limité ou à meilleure limite selon l'objectif du trader ;
- La date fait référence à la date limite de validité de l'ordre, s'il n'est pas au marché. Au marché signifiant la date d'aujourd'hui.

En tout état de cause, l'ordre manuel comme l'ordre passé via la plateforme des SGI sont, pour le moment, transmis à celles – ci, par mail pour exécution. En effet, les SGI n'avaient pas encore les habilitations permettant à leurs clients de passer directement leurs ordres sur le marché de la BRVM, mais cela ne devrait pas tarder car c'est ce que réclament les traders et en plus la BRVM est déjà prête, c'est plutôt du côté des SGI que des améliorations techniques doivent être apportées. D'ailleurs, à ce niveau, il y a eu récemment des avancées majeures. En effet, la SGI BOA Capital Securities a réussi à lancer le 16 septembre 2020 la toute première plateforme de bourse en ligne, ouvrant ainsi une nouvelle ère au marché de la BRVM. Il s'agit d'une plateforme qui permettra, désormais, aux investisseurs d'émettre directement des ordres en ligne, en toute autonomie, sans avoir recours à leur SGI pour la validation desdits ordres, créant ainsi un gain de temps et normalement une perspective de réduction des commissions. Les autres SGI devront offrir à leurs clients des plateformes de bourse en ligne au plus tard en janvier 2021 selon les autorités du CREPMF.

L'étude du marché de la BRVM à travers ses acteurs, les entreprises qui y sont cotées, ses produits, son potentiel et le risque d'y investir pourrait être déclinée en volumes. Mais le plus important, pour moi à travers ce chapitre, c'était d'une part de vous faire découvrir un marché boursier africain moderne, car conforme aux standards internationaux, d'autre part, de démontrer le potentiel réel de ce marché en termes de dividendes et de plus-values. Enfin c'est une bourse qui n'est pas suffisamment connue par les Africains, pour diverses raisons et le chapitre suivant va proposer des moyens juridiques et techniques de développement et de promotion de cette future grande place boursière qu'est la BRVM.

Chapitre 2

Comment promouvoir et développer l'investissement en bourse en Afrique ?

Le marché boursier de la BRVM est un marché financier commun aux huit (08) pays membres de l'UEMOA et conforme aux standards internationaux. Il a un potentiel intéressant car abritant d'une part, des entreprises souvent leaders dans leur domaine d'activité et dans leurs pays respectifs, et d'autre part c'est une jeune place financière, au regard de son âge (24 ans) et du nombre d'entreprises cotées (45), par rapport au potentiel des pays (08) qui composent son aire géographique.

Quant à l'exploitation du potentiel important de ce jeune marché boursier, les autorités de la BRVM, les SGI et les États membres de l'UEMOA doivent, par des campagnes de sensibilisation plus ciblées et par la formation des acteurs économiques, promouvoir davantage la culture boursière et l'éducation financière dans l'espace UEMOA. Cela sera bénéfique aux États, aux acteurs de la bourse, aux investisseurs (personnes morales et personnes physiques) et à toute l'économie de la sous-région. En effet, je trouve inadmissible et regrettable en 2020 que la bourse du Ghana à elle seule puisse compter 38 entreprises cotées, que celle du Maroc compte 76 entreprises cotées, alors que la BRVM qui est une bourse communautaire[83] ne compte que 45 entreprises cotées dans le compartiment actions dont 34 entreprises ivoiriennes. En plus le paysage de cotation des entreprises du Ghana et du Maroc est plus varié que celui de la BRVM, dans la mesure où on compte dans ces bourses des entreprises évoluant dans les domaines minier, informatique, immobilier et paramédical, ce qui n'est pas encore le cas au niveau de la BRVM où ce sont plutôt les établissements financiers et l'industrie agricole qui dominent le marché des actions. Et pourtant de grandes entreprises minières (cimenteries), informatiques, immobilières (promotion et investissement immobilier) « nationales » et privées sont présentes en nombre au niveau des pays membres de l'UEMOA. Ainsi se posent les questions suivantes :

- Est-ce que les autorités de la BRVM et ses partenaires institutionnels (SGI et établissements agréés) en font assez en termes de communication, d'innovation et de promotion de ce jeune marché boursier ?

- Est-ce qu'il y a une réelle volonté politique des États membres de l'UEMOA pour promouvoir et développer davantage le marché financier de la BRVM ?

- Les particuliers ont-ils conscience du potentiel d'un tel marché en termes de création d'emplois, de richesse et de promotion de la transparence dans les activités économiques ?

- Quelles opportunités la bourse offre-t-elle aux économies des États membres de l'UEMOA ?

---

[83] Elle regroupe huit (08) pays membres de l'UEMOA qui s'étend sur un espace géographique totale de 3 507 006 KM², sur lequel vit une population de plus de 120 millions d'habitants (Wikipédia).

I. LE ROLE DES ACTEURS DE LA BOURSE

La BRVM et ses partenaires ont pour missions de développer, de vulgariser et de démocratiser la bourse, en permettant comme en Europe, en Asie et aux USA, au plus grand nombre (investisseurs institutionnels et particuliers) d'accéder au marché financier afin de pouvoir jouir des énormes opportunités de la bourse.

1. La BRVM

Depuis 2017, j'ai constaté de la part du top management de la BRVM une réelle volonté de promouvoir davantage et de rendre plus attractif le marché financier de la BRVM. Le programme élite BRVM Lounge[84], le lancement du troisième compartiment[85] de cotation, l'organisation des BRVM AWARDS[86], les tournées de rencontre avec les

---

[84] Développé par la London Stock Exchange group (LSEG). Ce programme a donné lieu à la signature d'une convention tripartite le 9 novembre 2017 entre la BRVM, la Bourse de Londres et la Bourse de Casablanca. À travers ce programme la BRVM vise à contribuer au renforcement des capacités des PME à fort potentiel de croissance en vue de leur offrir une nouvelle source de financement à travers le troisième compartiment.

[85] C'est l'instruction n° 02 – 2017 BRVM/DG qui a institué ce nouveau compartiment dédié aux petites et moyennes entreprises (PME) et aux entreprises à fort potentiel. Il admet désormais à la cotation des entreprises d'un capital au moins de 100 000 000 avec une diffusion sur le marché au moins de 10 % de ce capital soit 500 000 titres.

[86] Soirée de Gala tenue à Abidjan le 10 février 2019, réunissant les acteurs institutionnels et partenaires de la BRVM et récompensant les leaders du marché et de l'économie régionale. Lors de ce festival de la finance ouest-africaine : la SGI sénégalaise CGF Bourse a été sacrée meilleure SGI de la BRVM pour l'exercice 2019. La Sonatel aussi a reçu la distinction de meilleure société cotée au regard de la valeur de ses transactions qui représente 37,7 % du volume global soit 46 milliards de francs CFA sur un total de 136, 3 milliards. Le trésor public de l'État de

potentiels investisseurs dans les pays membres de l'UEMOA, la visite à Paris du Directeur général de la BRVM le 17 octobre 2019 pour vendre la destination boursière de l'UEMOA aux investisseurs français, européens et à la diaspora africaine, le lancement de la bourse des matières premières agricoles, entre autres initiatives, en sont une bonne illustration. Cette forte campagne de sensibilisation et de mobilisation des investisseurs doit être poursuivie et davantage médiatisée surtout auprès des potentiels investisseurs locaux afin d'attirer plus d'entreprises à la cotation et d'enrôler plus d'investisseurs institutionnels et particuliers tant au niveau communautaire, qu'à l'international.

En outre, pour développer et promouvoir davantage ce jeune marché boursier africain, la BRVM doit explorer nos réalités économiques pour proposer des produits innovants qui répondent au mieux aux préoccupations des populations africaines. À mon avis, l'or représente la plus grande richesse de notre espace communautaire. La plupart des pays membres de l'UEMOA en sont producteurs et exportateurs. Au-delà, dans tous les foyers africains du continent et de la diaspora, on retrouve cette ressource et quelquefois en quantité et en qualité insoupçonnées. Ainsi, attendu d'une part, que le commerce de ce métal précieux est pratiqué de façon traditionnelle et dans des circuits informels, attendu d'autre part, que l'or suscite un intérêt croissant et un désir de possession ardent auprès des populations (surtout la

---

Côte d'Ivoire et la PME Burkina DAFANI SA ont été nominés respectivement meilleur émetteur obligataire et meilleure PME du programme Elite BRVM Lounge (source *Financial Afrik*, DANIEL DJAGOUE, 9 février 2020 « Bourse : voici les lauréats des BRVM AWARDS ».

femme africaine) et au niveau international (ruée sur les gisements d'or et hausse du prix à l'international), attendu enfin que l'or représente une valeur sûre (refuge) et croissante (constante évolution des cours en 2020), les États africains producteurs et exportateurs de cette ressource, notamment ceux membres de l'UEMOA doivent mettre en place un système capable de mieux valoriser l'exploitation et le commerce de l'or, pour en faire profiter davantage nos économies (États, commerçants et artisans) et nos populations. Pour ce faire, la BCEAO et la BRVM sont les instruments économiques et financiers sur lesquels, on devrait s'appuyer pour formaliser le commerce de l'or dans notre espace régional et organiser un système de trading de l'or que j'appelle ici **K – trade** avec **Ekor** ou **Ecor** comme unité de valeur des titres à créer, en référence à la future monnaie de l'UEMOA et/ou de la CEDEAO, l'éco. Pour ce faire la BCEAO serait le dépositaire et garant de la valeur de l'or en circulation, comme elle le fait si bien actuellement pour le FCFA. La BRVM, vu son expérience dans le trading, se chargerait de l'émission des titres (Ekor ou Ecor) qui seraient échangeables sur son réseau de SGI et d'institutions financières agréées. En outre, les points de commerce traditionnels d'or existants dans nos marchés traditionnels seraient normalisés et intégrés dans ce réseau formel de commerce de l'or, avec des expertiseurs agréés. Ainsi, nos artisans pourront s'approvisionner correctement (sur place) de cette ressource en qualité et en quantité pour les besoins de leur production de bijoux. Nos braves dames qui utilisent l'or comme épargne pourront sécuriser leurs importants stocks de bijoux en or gardés de façon traditionnelle et précaire dans les maisons, en déposant le surplus non utilisé (bijoux en or démodés ou d'apparat ou de simple collection), après expertise bien sûr, auprès des SGI et institutions agréées, contre création d'un compte titre et remise de titres d'or dénommés Ekor/Ecor au cours unitaire du marché régional ou mondial. Ces titres (Ekor/Ecor) ainsi créés, en plus de sécuriser leurs investissements, seront cessibles et gageables afin de permettre, à nos braves dames, de financer leurs activités économiques. Les hommes aussi pourront désormais investir dans l'or en achetant au niveau du marché central de la BRVM des titres de ce métal précieux pour leurs besoins d'investissement et de spéculation. Il en sera de même pour les fonds d'investissements et autres investisseurs publics et privés du marché financier. Nos États pourront ainsi mieux contrôler ce commerce et en tirer de façon efficiente des recettes fiscales à même de renforcer et de diversifier leurs ressources budgétaires.

Un tel système qui lancerait le 4e compartiment au niveau de la BRVM, au-delà de la richesse quotidienne qu'il va générer (création monétaire), à l'image du marché des actions et celui des obligations, va mieux valoriser nos gisements, permettre à nos artisans de disposer de cette ressource plus facilement et lutter contre la contrebande, la corruption et l'exploitation traditionnelle dangereuses de l'or dans les nombreux sites aurifères de la sous-région (braconnage, éboulements de puits, pollution, trafics d'enfants et d'êtres humains dans les zones aurifères) telle que pratiquée jusqu'alors sur le continent africain.

Le tableau ci-dessous indique, de façon sommaire, les acteurs de ce système de trading (K — trade) et leurs missions.

Acteurs	Statut et missions
BCEAO	Gardien et garant de la valeur
BRVM	Marché central, assurer la cotation et la convertibilité de l'or en argent liquide FCFA
SGI et INSTITUTIONS AGREEES	Lieux de dépôt et d'ouverture des comptes, intermédiaires dans le trading de l'or (Ekor/Ecor)
INVESTISSEURS	Personnes physiques et morales, publiques et privées.

NB : Si la BRVM ne fait rien pour formaliser un commerce qui existe déjà de façon informelle (au niveau national et international) et permettre aux États membres de l'UEMOA de mieux contrôler la circulation et le commerce de l'or, d'autres investisseurs privés le font déjà sous d'autres formes ou le feront via des plateformes en ligne en dehors de l'espace économique (UEMOA), privant ainsi notre région monétaire d'une activité lucrative et de ressources financières importantes. Cela a déjà commencé en Afrique avec les nombreuses crypto monnaies qui se créent et se vendent tous les jours en Afrique, les plateformes de trading de toutes sortes, et de tous horizons et autres systèmes de Ponzi[87] qui drainent d'importantes ressources financières de l'Afrique vers l'Europe et les États-Unis sans aucun contrôle.

[87] Système de Ponzi ou pyramide de Ponzi est un montage financier frauduleux qui consiste à rémunérer les investissements des clients essentiellement par les fonds procurés par les nouveaux entrants. Elle tient son nom de Charles Ponzi qui est devenu célèbre après avoir mis en place une opération fondée sur ce principe à Boston dans les années 1920. (Wikipédia)

2. Les SGI et institutions financières agréées

Les SGI, les établissements financiers agréés et les antennes nationales qui sont au plus près des investisseurs dans leurs pays respectifs devront aussi jouer leur partition dans le développement et la promotion du marché financier de la BRVM et surtout dans la formation des potentiels investisseurs. Et ce, d'autant plus que les SGI comptent énormément de comptes titres « dormant » du fait de l'absence de formation au profit de leurs détenteurs. En effet, beaucoup de personnes détiennent les mêmes actions depuis 20 ans dans des banques qui ne sont pas des SGI, d'autres ont des comptes titres qui leur ont été ouverts à l'occasion d'opérations de souscriptions[88] sans qu'ils sachent le véritable potentiel du compte titre. Autrement dit, ils dorment sur un sommier en or, sans le savoir. J'ai rencontré beaucoup de personnes qui m'ont avoué avoir des actions de telle ou telle entreprise cotée détenues auprès surtout des banques, sans avoir de compte titre. Il y a une certaine désinformation de la part de certaines banques qui ont simplement le souci de la préservation du portefeuille de leurs clients, plutôt que la promotion de l'investissement boursier. Ce qui ne sert guère le marché financier, encore moins les investisseurs qui pourtant sont nombreux. En effet, nombreux sont ceux qui veulent savoir comment fonctionne la bourse, mais ils ne reçoivent pas les informations et explications claires à même de les convaincre d'investir en bourse. C'est compréhensible, au regard du faible niveau de

[88] À l'occasion des Opa TOTAL SÉNÉGAL ET ORAGROUP, des SGI ont ouvert automatiquement des comptes aux souscripteurs sans que ceux-là sachent utiliser cet outil d'investissement.

connaissance de la bourse par nos financiers professionnels que sont les banquiers et assureurs.

D'ailleurs j'en suis une preuve vivante, car tout ce que je connais de la BRVM, je l'ai appris tout seul grâce à ma curiosité et aux recherches acharnées sur Internet où j'ai pu dénicher des sites parlant de cette bourse. Je n'ai reçu aucune formation d'une SGI.

Or, la bourse est considérée par beaucoup comme un milieu à risques. Donc, ceux qui s'y aventurent surtout ici en Afrique doivent être bien informés et formés par les SGI où ils ouvrent des comptes. C'est comme cela que la population d'investisseurs grandira et les opportunités de gain augmenteront. En effet, la bourse est assez grande et ses opportunités assez nombreuses, pour pouvoir accueillir tout le monde et faire profiter tout ce monde de ses opportunités infinies.

La bourse est une affaire de confiance et d'assurance. Confiance dans les interlocuteurs en face et assurance de l'investisseur en termes de connaissance du minimum requis. Par conséquent, la formation des potentiels investisseurs, plus que la simple information me paraît plus importante dans un marché où le rendement cohabite avec le risque interne et externe très élevé. Le risque interne étant lié au manque de formation, ou d'informations des acteurs, ainsi qu'au cycle économique et financier des entreprises cotées. Quant au risque externe, il fait référence à l'environnement politique économique, sanitaire national et international des entreprises cotées en bourse.

En tout état de cause les campagnes de promotions à l'endroit des potentiels investisseurs qui d'ailleurs sont très nombreux et n'attendent que d'être rassurés et formés, doivent être poursuivies et renforcées surtout par les SGI et institutions agréées qui, en plus d'être au plus près des investisseurs, en tireront le plus grand profit en termes de clients et de parts de marché. En effet, l'exploitation du potentiel du marché de la bourse en Afrique n'en est qu'à ses balbutiements. Car le constat qui saute aux yeux des investisseurs de la zone est que d'une part, le nombre d'entreprises cotées est très en dessous du potentiel économique des pays membres de l'UEMOA et d'autre part le potentiel d'investisseurs (personnes physiques, diaspora africaine, compagnies d'assurances, fonds de pension, etc.) est insuffisamment exploité.

II. Le role des États membres de l'UEMOA

Du côté des États membres de l'UEMOA et promoteurs également du marché boursier de la BRVM, leur apport et soutien dans la dynamisation de ce marché doivent être plus accrus. Ils ne doivent pas seulement se contenter du compartiment des obligations au niveau de la BRVM et surtout de l'agence UEMOA – Titres qui les dépanne face à leurs problèmes de trésorerie et où ils sont plus actifs.

À titre d'exemple, le trésor public de l'État de Côte d'Ivoire a été sacré, aux BRVM AWARDS, comme meilleur émetteur obligataire en 2009 pour avoir levé sur le marché des obligations de la BRVM un encours de 1973 milliards de francs CFA ; ce qui représente 56 % du volume global sur une capitalisation globale de 4 200 milliards de francs CFA[89]. Les autres États membres de l'UEMOA sollicitent aussi souvent le marché des obligations, pour faire face à

[89] *Financial Afrik*, DANIEL DJAGOUE, le 9 février 2020 « Bourse : voici les lauréats des BRVM AWARDS ».

leurs urgences de trésorerie, notamment avec les effets néfastes de la crise de la Covid-19 sur la capacité de mobilisations des recettes budgétaires par ces mêmes États.

La Côte d'Ivoire a une représentation plus qu'honorable sur le marché des actions de la BRVM ; il revient aux autres États membres de l'UEMAO de travailler à améliorer davantage leur représentativité dans le marché des actions. Et ce d'autant plus que ces États ont dans leur portefeuille des « entreprises nationales » ou des entreprises privées à participation publique majoritaire à très fort potentiel : SENELEC, SEN'EAU, PORT AUTONOME DE DAKAR, SAR (Société africaine de raffinage)... au Sénégal, SONABHY (Société nationale burkinabè des hydrocarbures), SONABEL(Société nationale d'électricité du Burkina Faso)... au Burkina Faso, Énergies du Mali, Société des télécommunications du Mali... au Mali, Areva NC Niger, NIGELEC (Société nigérienne d'électricité), SONIDEP (Société nigérienne des produits pétroliers) au Niger, etc.

La Côte d'Ivoire, vu sa représentativité dans ce marché en termes de nombre d'entreprises cotées, a fait des efforts louables ; il revient aux autres pays membres de la BRVM, à défaut de rattraper la Côte d'Ivoire dans ce compartiment, d'essayer au moins de réduire cet écart insolent (34 entreprises ivoiriennes cotées dans le compartiment actions, sur un total de 45).

Pour ce faire chacun des autres États pourrait se fixer, dans le court terme (5 ans), un objectif d'amener cinq (05) entreprises « nationales », au moins, à la bourse. Et ce ne sont surtout pas les moyens politiques et économiques qui manquent. Aussi ce serait une bonne occasion, pour nos États de promouvoir l'actionnariat populaire et l'inclusion financière en ouvrant le capital des entreprises nationales aux collectivités locales ou territoriales, au secteur privé national, aux populations et à la diaspora africaine.

Les États pourraient, par exemple, appuyer sur le levier de la concession[90] minière ou de service public.

Pour ce qui est de la concession d'exploitation de biens ou de services (eau, électricité, mines, transport aérien, maritime ou ferroviaire, télécommunication, etc.), étant donné que les ressources exploitées appartiennent aux populations et que les États ne font que déléguer cette exploitation à des entreprises privées souvent « étrangères » ; ils peuvent imposer, par exemple, à toutes les entreprises privées à participation publique, bénéficiaires de concession d'exploitation minière ou de service public de se faire obligatoirement coter à la BRVM.

Ceci serait le meilleur moyen d'endiguer le phénomène du « nationalisme naissant »[91] au sein de la jeunesse africaine et de faire participer et profiter « tout le monde » à la gestion de ces « multinationales ». En effet, en allant en bourse, ces entreprises titulaires de concessions nationales rendront libre et égalitaire l'accès à une partie de leur capital[92] (flottant).

---

[90] Technique juridique utilisée par l'État (concédant) pour déléguer à une entreprise privée (concessionnaire) l'exercice d'une activité ou d'un service de production de biens ou de prestations de services.

[91] Campagne de contestation et de lutte d'une certaine jeunesse africaine contre les filiales des multinationales, sous le couvert du patriotisme économique ou de la préférence nationale. Termes de plus en plus en vogue dans le discours politique de certains partis politiques et de la société civile africaine.

[92] 20% du capital exigé comme condition pour être admis à la cotation au niveau de la BRVM.

Ainsi les populations participeront indirectement à la gestion de ces filiales de multinationales, grâce aux publications périodiques obligatoires des entreprises cotées et la participation aux assemblées générales que la BRVM rend obligatoire pour ces dernières. En effet, quand on est coté en bourse, on a l'obligation de tenir ses assemblées générales à date échue et d'en informer tous les actionnaires qui ont la possibilité de participer à ces rencontres annuelles, de poser des questions et d'approuver ou de désapprouver, par vote, les propositions de résolutions qui leur sont soumises par les dirigeants des dites entreprises. En cas de difficulté matérielle de tenue des assemblées générales, on en informe également les actionnaires et ceci a été le prétexte des nombreuses notes d'information publiées sur la plateforme BRVM et portant « ordonnance de prorogation d'assemblées générales » [93] publiées les 30 juin 2020 par SICOR CI, FILTISAC CI, CROWN CI, AIR LIQUID CI et le 3 juillet 2020 par SAPH CI, PALM CI, SUCRIVOIRE CI. Ceci, pour montrer que quand une entreprise est cotée en bourse, elle devient plus accessible et plus transparente à l'endroit de ses actionnaires, des autorités du marché financier et du public de façon générale.

Alors, on parlera de moins en moins d'exclusion ou d'opacité grâce surtout aux exigences de transparence de la bourse. Ceci assurerait aux populations un meilleur accès à leurs ressources et un meilleur contrôle sur les activités des

[93] L'article 348 de l'acte uniforme de l'OHADA relative au droit des sociétés commerciales et du groupement d'intérêt économique stipule que : « l'assemblée générale annuelle se réunit dans les 6 mois de la clôture de l'exercice. Les gérants peuvent demander une prorogation de ce délai à la juridiction compétente ». En l'espèce, c'est le Tribunal de Commerce d'Abidjan qui l'accorde par ordonnance.

multinationales, car les entreprises cotées n'aiment pas les scandales et font beaucoup d'efforts en matière de gouvernance pour préserver leur image. Elles aiment toutes être citées en modèle par les autorités boursières et les agences de notation, afin d'attirer davantage d'investisseurs et de profiter de la valorisation boursière de leur capital.

Nos gouvernements économiseront ainsi leur communication réactive face aux interpellations récurrentes de la société civile, des organisations panafricanistes et surtout de leurs partis d'opposition. Grâce au mécanisme des concessions de services publics et d'exploitation de ressources naturelles, les États titulaires, naturellement, de ce monopole gagneraient plus à ce que toutes les entreprises bénéficiaires de telles concessions soient obligatoirement cotées en bourse, avec la clef de répartition, à titre indicatif et révolutionnaire, suivante :

Modèle de répartition du capital des entreprises titulaires de concession d'exploitation de ressources naturelles ou de services publics

Répartition du capital	Pourcentage
Entreprise concessionnaire	30 à 40 %
État concédant (gratuit)	10 à 20 %
Communes ou communauté urbaine impactée (gratuit ou à prix préférentiel)	5 à 10 %
Salariés de l'entreprise (prix préférentiel ou gratuit)	3 à 5 %
Secteur privé national partenaire	5 %
Actions libres ou capital flottant (minimum)	20 %

Ainsi, en plus des redevances habituellement versées par les entreprises concessionnaires de services publics ou d'exploitation minière, les États concédant seront actionnaires et profiteront pleinement de tout le potentiel des actions cotées en bourse en termes de dividendes et de valorisation boursière. Les collectivités territoriales qui abritent les installations de ces usines, qui ont donné leurs terres à ces dernières et dont les populations subissent, au quotidien, les désagréments de l'exploitation de ces ressources minières par les filiales de ces multinationales pourront davantage profiter de la croissance de ces entreprises en termes d'impôts locaux, de dividendes et de valorisation boursière.

Imaginez qu'au Sénégal la SOCOCIM, les ICS, les Ciments du Sahel, Dangote Cement, Sabodola Gold, SENAC, la Compagnie sucrière sénégalaise (CSS), etc. soient cotées à la BRVM et que les collectivités territoriales qui abritent leurs usines soient actionnaires de ces entreprises à hauteur de 5 à 10 % ; que les populations aussi qui vivent au quotidien les nuisances de ces entreprises puissent devenir actionnaires de ces entreprises et toucher chaque année des dividendes résultant de leurs gros bénéfices. Alors, les budgets des communes ou collectivités territoriales et le revenu des ménages ne s'en porteraient que mieux. Et ceci serait possible grâce à la volonté politique de nos États qui accordent ces concessions d'exploitation minière ou de service public.

Une simple insertion d'une obligation d'ouverture d'une partie du capital de l'entreprise concessionnaire au public, sous peine de sanctions, dans le cahier des charges règlerait ce problème.

Cet exemple reste valable dans tous les pays membres de l'UEMOA et au-delà dans toute l'Afrique (RDC, GABON, CAMEROUN…) qui regorge de ressources minières et d'entreprises minières et dont les États sont courtisés par les multinationales à la recherche de matières premières ou de débouchés, d'autant plus que ces multinationales ou « entreprises étrangères » sont toutes cotées chez elles dans leurs bourses en Europe, aux États-Unis, au Canada, en Australie, faisant ainsi profiter de leurs bénéfices souvent gagnés en Afrique leurs concitoyens européens, américains, canadiens et australiens.

D'ailleurs vu l'importance de la bourse, les États européens et américains encouragent leurs citoyens à investir dans les entreprises cotées en bourse en mettant en place une législation fiscale incitative au profit des particuliers désireux d'acquérir les actions de ces multinationales. C'est le cas du plan d'épargne actions (PEA)[94] en France et du compte d'épargne libre d'impôt (CELI)[95] au Canada par exemple.

En outre, les multinationales utilisent le procédé de la filialisation pour rapatrier en toute légalité leurs bénéfices dans leurs pays d'origine, dès lors c'est à nos États d'être

[94] C'est une forme de compte – titre de droit français qui bénéficie de certains avantages fiscaux pour les résidents français : les revenus et les plus-values réalisés sur ce compte sont, sous certaines conditions notamment de durée de détention et de type d'actions, faiblement imposés. (Wikipédia)

[95] Le programme du CELI est un moyen pour les particuliers qui sont âgés de 18 ans ou plus et qui détiennent un numéro d'assurance sociale valide de mettre de l'argent de côté en investissant sur des actions éligibles à ce régime et libres d'impôt. Les revenus gagnés dans le compte CELI (revenus de placements et les gains en capital) ne sont généralement pas imposables. (Site du gouvernement Canadien).

plus ingénieux et plus patriotes en faisant profiter davantage à leurs populations, leurs secteurs privés nationaux et leurs collectivités territoriales de la croissance que réalisent ces grandes multinationales en Afrique ; ce qui contribuerait à maintenir plus de richesse en Afrique et à améliorer l'exploitation de nos ressources naturelles. D'ailleurs ce serait l'occasion de mettre en œuvre ou en pratique, au Sénégal par exemple, les dispositions pertinentes de l'article 25 – 1 de la loi constitutionnelle n° 2016 – 10 du 05 avril 2016 qui dispose : « Les ressources naturelles appartiennent au peuple. Elles sont utilisées pour l'amélioration de ses conditions de vie. L'exploitation et la gestion des ressources naturelles doivent se faire dans la transparence et de façon à générer une croissance économique, à promouvoir le bien-être de la population en général et à être écologiquement durables.

L'État et les collectivités territoriales ont l'obligation de veiller à la préservation du patrimoine foncier. »[96]

Donc plus qu'une simple profession de foi, il faut mettre en œuvre ces dispositions pertinentes de la Constitution de la République du Sénégal. Et à ce titre la bourse BRVM offre à nos États et aux populations africaines cette opportunité de mieux profiter de l'exploitation de leurs ressources naturelles par des multinationales.

Aussi, au lieu de dénoncer aveuglément la présence des entreprises étrangères dans nos économies, faudrait-il plutôt mettre en place des techniques juridiques et financières permettant l'accessibilité du capital de ces entreprises aux

[96] Jors (Journal officiel de la République du Sénégal), numéro spécial 6926 du 7 avril 016, page 505.

nationaux (personnes physiques et morales), d'amoindrir le rapatriement des bénéfices et d'assurer une exploitation durable de nos richesses.

Au fait, j'ai remarqué que la bourse du Maroc compte beaucoup d'entreprises minières (Minière Touissit, Rebab Company, SMI, Managem ...), ce qui n'est pas encore le cas au niveau de la BRVM, alors que les pays membres de l'UEMOA abritent beaucoup de sociétés minières (Or, Uranium, Zircon, phosphate, etc.), des cimenteries qui exploitent depuis longtemps des ressources naturelles sans pour autant que leurs retombées bénéficient pleinement aux populations qui les accueillent.

Ces sociétés minières doivent être plus généreuses vis-à-vis de leurs hôtes en partageant leurs bénéfices avec les populations et les collectivités territoriales qui les accueillent et qui en retour ne reçoivent que de la poussière de phosphate, d'uranium ou des résidus de mercure. Le secteur privé national des États membres de l'UEMOA, au sens large du terme (petits porteurs)[97] par opposition aux clubs et organisations patronales qui veulent s'arroger l'exclusivité du terme de secteur privé et même les collectivités territoriales profiteront également d'une telle opération d'ouverture de capital et d'inclusion économique et financière. D'ailleurs, je rappelle que toutes les sociétés mères des filiales qui bénéficient de concession dans notre sous-région (Eiffage, Areva, Suez, Vicat, Orange, Auchan...) sont toutes cotées chez elles, faisant le bonheur

[97] Les investisseurs qui sont en grande majorité les particuliers en tant qu'actionnaires individuels d'une société cotée en bourse (Mataf.net) Exemple de SOS petits porteurs qui est une association française qui informe les petits actionnaires et qui dénonce les scandales financiers. (Wikipédia)

des petits porteurs européens. Alors c'est au tour des petits porteurs africains et de notre secteur privé national de prétendre directement bénéficier des retombées de la croissance générée par les filiales de ces multinationales qui tirent l'essentiel de leurs bénéfices de nos ressources naturelles, de notre fort pouvoir de consommation et de la forte croissance économique de nos États.

Les salariés de ces entreprises titulaires de concessions minières ou d'exploitation de service public vont également profiter de cette cotation qui induit une ouverture de capital en leur faveur à hauteur de 3 à 5 %, étant entendu bien sûr qu'ils peuvent devenir propriétaires, en partie, des entreprises qui les emploient, dans des proportions supérieures à ces 5 %, en acquérant librement les actions de ces entreprises directement sur le marché de la BRVM : c'est le cas actuellement sur la BRVM avec des entreprises de télécommunication SONATEL (Sénégal), ONATEL (Burkina Faso) et des entreprises titulaires de concession d'exploitation d'électricité (CIE CI) et d'eau (SODE CI) en Côte d'Ivoire. Ces entreprises sont des réussites économiques, financières et sociales dans leurs domaines d'activité respectifs et des modèles d'inclusion financière en ayant ouvert leur capital à leurs travailleurs et aux consommateurs que nous sommes. Et s'il y a un niveau où, on attend la concurrence de leurs entreprises « sœurs » de la sous-région, c'est bien au niveau de leur modèle économique et pas au niveau des simples baisses de tarifs comme c'est le cas actuellement entre ORANGE (SONATEL) et FREE dans le secteur des télécommunications au Sénégal.

Donc leur modèle économique, en termes d'ouverture de capital et de partage des bénéfices avec leurs clients, doit inspirer leurs concurrents et toutes les autres « grandes entreprises » de la région UEMOA et de l'Afrique en général.

Aussi le citoyen lambda ou simple investisseur libre (national, communautaire, diaspora) va également se réapproprier une partie de sa richesse nationale dont l'État a délégué la gestion et l'exploitation à une entreprise privée et souvent filiale d'une entreprise étrangère, en ayant la possibilité de devenir actionnaire de cette entreprise grâce au capital flottant (20 % au moins) de cette dernière, directement sur le marché de la BRVM. Ce citoyen lambda, en plus de devenir propriétaire en partie de ces entreprises et de participer indirectement à leur gestion, profitera également de toutes les opportunités qu'offre la bourse notamment en termes de dividendes et de plus-values sur les actions cotées. Il pourra même gager ses actions pour obtenir un crédit au niveau des banques. Ainsi, le débat sur des notions telles que : « entreprises étrangères » ou de « multinationales » sera dépassionnée et l'actualité économique et financière reprendra sa place dans les débats publics au détriment de la politique politicienne. En effet, une entreprise « étrangère » dans laquelle l'État, les collectivités territoriales, le secteur privé national, les particuliers ou petits porteurs ont des parts de participation, ne sera plus considérée comme étrangère au sens actuel du terme dans le débat politique.

Tout ceci se passerait naturellement sous l'œil vigilant et protecteur de la BRVM et du CREPMF qui ont érigé la transparence comme un des principaux critères d'éligibilité à la cotation. À ce niveau, il convient de relever, au titre de la garantie de cette transparence, que les entreprises cotées à la BRVM publient obligatoirement, sous peine de sanctions, leurs résultats (tendances) trimestriels, semestriels et annuels. Elles convoquent régulièrement leurs assemblées générales et soumettent publiquement les projets de résolutions desdites assemblées, un mois avant, au moins, à leurs actionnaires. Ces entreprises sont obligées de recourir aux services d'agences de notation de rang international (Bloomfield, Wara) qui émettent des avis périodiquement sur leur santé économique et financière, comme le font les États pour bénéficier d'une signature crédible auprès des bailleurs de fonds internationaux. En outre, les entreprises cotées à la BRVM publient obligatoirement les changements économiques et sociaux qui affectent leur fonctionnement. C'est ainsi que même les simples changements d'administrateurs sont publiés sur le site de la BRVM et relayés par les sites spécialisés tous les jours.

Donc la concession étant une délégation d'exploitation d'une richesse nationale (eau, électricité, ressources minières, transport terrestre, ferroviaire et aérien) ou d'un service public par l'État au profit d'une entreprise privée, les États qui accordent ces concessions au-delà de leurs propres intérêts en termes de retombées fiscales (impôts et taxes) et parafiscales (redevances) doivent mieux veiller aux intérêts des populations et des collectivités territoriales qui abritent le site de ces concessions, en leur permettant de devenir « propriétaires » de ces entreprises grâce au mécanisme de la bourse qui leur permettra d'être mieux informés sur l'État de leurs ressources, de pouvoir participer aux assemblées générales de ces entreprises et enfin de pouvoir jouir d'une partie des importants bénéfices générés par l'exploitation de leurs ressources par ces entreprises concessionnaires.

Au-delà des entreprises bénéficiaires de concession d'exploitation d'industries ou de services, les États membres de l'UEMOA, pour développer et promouvoir le marché financier de la BRVM et bénéficier des retombées de ce marché en termes de transparence et de fournitures d'informations financières qu'induit la cotation à la bourse, pourront à partir d'un certain chiffre d'affaires (cent milliards par exemple), obliger les entreprises privées qui réalisent de tels chiffres d'affaires obligatoirement à se faire coter en bourse. Ceci, pour plus de transparence et une meilleure distribution de la croissance que génèrent ces entreprises. Surtout que cette croissance n'est que la résultante de la forte consommation de nos États et de nos populations. On pourrait m'opposer le caractère privé desdites entreprises et la liberté de commerce et d'industrie. Et je répondrais simplement qu'un État peut tout faire, évidemment dans le respect de la légalité et de l'ordre public économique général. En outre, de telles mesures économiques qui, sans tenir compte du chiffre d'affaires, pourraient aussi viser des secteurs d'activités spécifiques (banques, assurances), non seulement sont légales pour un État, mais en plus elles, profitent à tout le monde, car le capital flottant mis en bourse[98] n'est pas gratuit, contrairement à la part du capital que s'octroient généralement les États dans les concessions d'exploitation minière ou de service public qui est gratuite. En effet les introductions en bourse sont une opportunité, une occasion en or pour les entreprises de se refaire une santé financière.

[98] C'est le nombre d'actions que les entreprises qui veulent se faire coter doivent vendre au public. Il représente 20 % au moins pour les entreprises cotées sur le 1er compartiment et 10 % au moins pour le 3e compartiment dédié aux PME.

La dernière introduction en bourse au niveau de la BRVM concernant le groupe ORABANK[99] en est une bonne illustration. En effet, dans un entretien accordé au journal Jeune Afrique du 16 avril 2019 repris par l'École de la Bourse de Côte d'Ivoire le 05 juillet 2019, répondant à la question : « A quoi serviront les fonds levés ? », Madame Binta Touré Ndoye, Directrice générale de ORAGROUP, affirmait : « sur les 56.92 milliards levés, nous prévoyons de consacrer 25 milliards au soutien de la croissance et au renforcement de nos filiales. Le reste sera consacré à nos actionnaires existants qui ont accepté de réduire leur contribution au capital au profit des nouveaux actionnaires. »

L'appétit venant au fur et à mesure que l'on mange, après son introduction en bourse (marché secondaire de la BRVM) le 16 avril 2019, ORAGROUP a émis le 05 novembre 2019 un billet de trésorerie pour lever 35 000 000 000 sur le marché des capitaux de l'UEMOA dénommé ORAGROUP 6.10 % 2019 – 2021.

Si ces opérations ont réussi, c'est parce qu'il y a de l'argent, voire beaucoup d'argent qui dort quelque part ici en Afrique et n'attendant qu'une opportunité sûre, pour servir. Donc, à nos États, nos institutions sociales (pension de retraite, caisse de sécurité sociale, mutuelles), nos banques et assurances, nos entrepreneurs d'être plus courageux et plus ambitieux pour transformer le potentiel et les défis du continent africain en opportunités de croissance et de développement inclusifs.

---

[99] Lors de sa campagne de vente de 20 % de son capital au public par campagne de souscription du 29 octobre au 22 novembre 2019 en vue d'être admise à la cotation de la BRVM, le Groupe ORABANK a engrangé 56,92 milliards de francs CFA.

En outre, toutes les filiales des entreprises non titulaires de concession qui opèrent dans la sous-région, leurs sociétés mères sont cotées chez elles. Vous verrez qu'au Maroc sur la bourse de Casablanca aussi leurs filiales (Total, Orange, Danone, Lafarge…) y sont cotées. Alors pourquoi pas chez nous. D'ailleurs une telle politique de promotion de l'actionnariat populaire de la part de nos États rendrait beaucoup de services à ces filiales de multinationales. En effet, ce serait une façon de tropicaliser ces filiales qui à la longue ne seront plus considérées comme des « entreprises étrangères » ou des prédatrices venues s'accaparer de nos ressources ou « exportatrices de la croissance des pays africains », mais plutôt comme de vrais partenaires. Et j'espère ainsi qu'on assistera de moins en moins à des slogans tels que « Auchan dégage ! »[100], ou d'autres campagnes de boycott dirigées contre certaines entreprises dites « étrangères »[101].

Les États vont également profiter des avantages de la bourse BRVM, notamment en matière de transparence, ce qui va leur permettre d'optimiser leurs recettes fiscales, mieux lutter contre la fraude fiscale et l'érosion des bases d'imposition (BEPS)[102]. Car la bourse favorise la circulation

---

[100] Slogan de lutte d'une partie de la société civile et des commerçants sénégalais contre l'installation de la grande distribution française Auchan.

[101] La notion d'entreprise étrangère est juridiquement inappropriée ici, car même si ce sont des filiales d'entreprises étrangères, les entreprises que l'on qualifie d'étrangères sont immatriculées chez nous en Afrique.

[102] BEPS (Base Erosion and profit Shifting) ou érosion de la base d'imposition et le transfert de bénéfices. C'est un ensemble de recommandations proposées par l'OCDE dans le cadre du projet OCDE/G20 pour une approche internationale coordonnée de la lutte contre l'évasion fiscale de la part des entreprises multinationales.

de l'information financière des entreprises qui se livrent à une certaine « concurrence » surtout quand celles-ci partagent les mêmes secteurs d'activités (banque, télécommunication). En effet, en bourse, les grandes entreprises rivalisent dans le respect des échéances de publication de tendances périodiques, dans le respect des délais de tenue des assemblées générales. Certaines vont même jusqu'à rivaliser dans les versements réguliers de dividendes aux actionnaires. Tout ceci facilite par conséquent à nos États le contrôle des informations financières que leur fournissent les entreprises à titre de déclarations fiscales.

Les économies de nos États vont profiter des retombées d'une cotation massive des entreprises en bourse en termes de création d'emplois dans le secteur de la finance (augmentation du nombre de sociétés de courtage en bourse, des entreprises d'investissement, de notation, la presse spécialisée, etc.), les collectivités territoriales verront leurs budgets renforcés grâce aux dividendes tirées des entreprises minières qu'elles abritent et l'augmentation du pouvoir d'achat de la population grâce à la diversification de leurs sources de revenus (dividendes et plus-values).

Enfin les entreprises concernées par l'obligation d'ouverture de leur capital resteront tout de même aux commandes de la direction de leurs entreprises car ne se délestant que d'environ 20 % de leur capital comme l'exige la BRVM. Et cette cession n'est pas gratuite, car se faisant suivant une procédure d'offre publique de vente d'actions sur le marché primaire de la BRVM, générant à l'occasion du cash pour ces grandes entreprises comme ORAGROUP l'a réussi dans l'exemple précédent.

À l'international, il faut relever que : « la compagnie pétrolière saoudienne (ARAMCO) a réussi le 05 décembre 2019 à lever 25,6 milliards de dollars lors de son introduction en bourse (IPO). Cette IPO (vente publique d'actions) de 25, 6 milliards de dollars (23 milliards d'euros) est la plus importante de l'histoire boursière, devant celle du géant chinois du commerce en ligne Alibaba, à New York en 2014 (25 milliards de dollars). Selon les autorités saoudiennes « Avec 1.5 % du capital sur le marché, ces 25.6 milliards alimenteront le fonds public finançant la diversification de l'économie saoudienne, trop dépendante du pétrole, dans le cadre du plan "Vision 2030" lancé par le prince héritier Mohammed Ben Salman, alias MBS. » [103]

III. LE ROLE DES ENTREPRISES PRIVEES

Les entreprises privées qu'elles soient bénéficiaires de concession ou pas ne doivent pas être en reste, dans la construction d'un marché financier fort au niveau de la BRVM. Elles ne doivent pas attendre d'être contraintes de se faire coter en bourse. Elles doivent désormais prêter beaucoup plus d'attention et d'intérêt à ceux qui font leur richesse : les consommateurs, leurs clients. Pour ce faire, au-delà du simple « service client » qui leur est consacré, ces entreprises qui sont souvent détenues par le patronat du secteur privé national[104] qui ne cesse de réclamer la « préférence nationale » dans l'attribution des marchés publics, doivent montrer le bon exemple, en ouvrant le capital de leurs entreprises à leurs clients et partenaires : les

---

[103] JEAN MICHEL BEZAT, journal *« Le Monde »* le 06 décembre 2019 : « Saudi Aramco, la plus grosse introduction en Bourse de l'histoire. »

[104] Terme pour désigner les associations patronales du secteur privé

petits porteurs. Et la meilleure façon de le faire, c'est de se faire coter en bourse. En effet, dans le modèle économique 99 % FORCE, le Dr Dalvarice Ngoundjou[105] nous apprend dans le livre blanc écrit pour le lancement de Fricacoin[106] que « sur la planète terre, 1 % des humains sont plus riches que les 99 % restants. Savez-vous qui enrichit les 1 %, ce sont les 99 %. Comment ? Par le choix de ce qu'ils consomment. Les choix personnels au quotidien des 99 % sont déterminants sur la courbe d'enrichissement des plus riches. Nous disons que le client est roi, mais jusqu'où pouvez-vous imaginer que le consommateur est roi ? » Il continue plus loin, en disant : « … ces populations (africaines) boivent des milliards de dollars d'alcool chaque année tout en se disant pauvres ». Et je continuerai, pour le paraphraser en soutenant que, en Afrique, nous fumons des milliards de dollars en tabac, nos bonnes dames dépensent chaque année des milliards de dollars en produits de beauté éclaircissants et de « cheveux indiens », tout en se disant pauvres. Cet argent gaspillé doit être mieux dépensé, en investissement par exemple, pour profiter pleinement aux économies africaines et au bien-être social et sanitaire des populations africaines.

Ceci pour prôner plus d'ouverture du capital des entreprises privées, une autre forme de collaboration entre les entreprises et leurs clients ou consommateurs. Les clients qui font la richesse des entreprises doivent se sentir plus impliqués, plus engagés dans le processus de la création de la richesse des entreprises. La bourse BRVM offre cette

[105]Camerounais, Directeur général de Paykap, Docteur en économie et promoteur du Cabinet de Business Consulting OBJECTIVA. Promoteur de la blockchain fricacoin.

[106] Livre blanc de fricacoin.com octobre 2018 p. 13

formidable opportunité aux entreprises privées à travers la cotation d'au moins 20 % de leur capital en bourse, permettant ainsi aux consommateurs des biens et services de ces entreprises de devenir indirectement propriétaires de ces entreprises. Au-delà des consommateurs, les travailleurs et les partenaires techniques de ces entreprises (fournisseurs, collectivités territoriales, associations…) doivent bénéficier de participations symboliques dans les entreprises « nationales » et privées. Ainsi, la gouvernance politique, économique et financière de ces entreprises ne s'en porterait que mieux. C'est pourquoi certaines grandes entreprises privées qui ont tenté et réussi ce pari en Afrique méritent toute mon admiration (TOTAL Sénégal et Côte d'Ivoire, SONATEL, les banques du groupe Bank of Africa, ONATEL, CORISBANK, ECOBANK ETI, OARGROUP, CIE CI, SODE CI, SGB CI, PALM CI, SOGB CI, SERVAIR ABIDJAN, etc.)

Ainsi en tant qu'investisseur ou client averti, je ne comprends pas que SGB CI soit cotée en bourse alors SGB Sénégal ne le soit pas, que SIB CI soit cotée en bourse et que CBAO Groupe Attijariwafa Bank Sénégal ne le soit pas, que SUCRIVOIR soit coté et que la Compagnie sucrière sénégalaise (CSS) ne le soit pas… Dangote cement est coté au Nigéria, pourquoi Dangote Cement Sénégal ne le serait pas au Sénégal (Brvm). UBA qui est coté au Nigéria, sa filiale sénégalaise doit être cotée à la BRVM, de même que ses autres filiales de la sous-région, afin que les populations de la zone UEMOA puissent profiter de la croissance de cette banque panafricaine.

Et quid des autres entreprises sénégalaises telles que : SOCOCIM, les ICS, Auchan, SEDIMA, EDK, FREE, CSE,

PATISEN, SONAM, AMSA, SUNU ASSUANCE, etc. Elles ont leur place à la BRVM et doivent ce sursaut patriotique aux clients institutionnels et privés qui font leur richesse de par la consommation assidue et depuis des décennies de leurs produits et services. D'ailleurs ce serait une bonne politique de fidélisation des clients et de préservation des parts de marché, dans un milieu très concurrentiel, surtout pour les banques et les assurances. En effet, le client actionnaire ne se fera pas prier pour ouvrir un compte dans « sa banque » ou souscrire une assurance auprès de « sa compagnie d'assurance ».

Le système de cotation en bourse, au-delà de permettre aux entreprises cotées de se faire de l'argent frais, traduit une certaine générosité de ces entreprises à l'endroit des investisseurs-clients qui ont ainsi l'occasion de devenir consommateurs et propriétaires des entreprises cotées. En effet, le consommateur averti donnera de plus en plus la priorité au choix de ses achats à l'entreprise qui lui est plus proche, celle qui essaie de mieux préserver ses intérêts, celle qui partage ses bénéfices avec lui : l'entreprise dans laquelle, il détient des actions. Ainsi un actionnaire de Total Sénégal se sentira mieux dans une station Total, que dans les stations des autres distributeurs de carburants ; de la même manière, un client-actionnaire de SONATEL choisira beaucoup plus facilement les produits de SONATEL, plutôt que les services des concurrents de SONATEL. À titre d'exemple, les dividendes que me paie la SONATEL chaque exercice me permettent au moins de couvrir annuellement mes frais de communication (téléphone et Internet).

Le « moins cher » seul ne doit plus être un argument d'achat, beaucoup d'autres paramètres devront dicter la conduite, voire l'attitude des clients vis-à-vis des produits et services qu'on leur propose. L'ouverture du capital, le partage équitable des bénéfices avec le client, la préservation de l'environnement, entre autres, deviennent de nouveaux critères d'appréciation des produits et services par les clients.

IV. LE ROLE DU CITOYEN

Le citoyen, le secteur privé national, la société civile de façon générale ont un rôle important à jouer dans l'édification d'un marché financier fort et de l'Africain de demain : un citoyen conscient des enjeux économiques, sociaux et géopolitiques. On ne peut pas être courtisé par tout le monde et être la risée du monde en même temps, au point de susciter très souvent la compassion de ceux qui nous courtisent. Notre richesse (naturelle, économique et sociale) doit être un atout plutôt qu'une calamité ou une malédiction. Elle doit servir plutôt que d'asservir.

L'Afrique est riche de ses ressources et de sa jeunesse, mais pauvre de son éducation financière et de la « culture » de ses dirigeants. En effet la vraie richesse, c'est celle qui profite au plus grand nombre et non pas à quelques entreprises privilégiées et une certaine classe politique dirigeante.

Grâce à une plus grande ouverture du capital de nos entreprises « publiques » et privées à la population par le mécanisme de la bourse, celle-ci deviendra un acteur économique majeur, plutôt qu'un consommateur passif qui se plaindra toujours de son mal-vivre et de son mal-être.

Donc le citoyen ou consommateur in fine de tous les biens et services, au-delà de ses revendications politiques qui sont le plus souvent dirigées contre la classe politique dirigeante, doit être plus exigeant vis-à-vis des entreprises publiques et privées qui, toutes, tirent leurs richesses de nos maigres ressources de consommateurs, en leur demandant un partenariat plus enrichissant et plus durable.

Au lieu d'être de simples consommateurs, les Africains et Africaines de tous âges, de toutes les professions, de tous les secteurs doivent s'intéresser davantage à la bourse en devenant de véritables acteurs de ce marché financier qui est le leur : la Bourse régionale des valeurs mobilières (BRVM) et tous les marchés boursiers africains.

Ainsi ils accroîtront leur niveau d'éducation financière, imposeront aux États de mieux négocier les contrats de concession avec les multinationales et profiteront pleinement des nombreux avantages que nous offre la bourse.

Conclusion

Plus que de la simple politique, la bataille du développement est technique, financière et économique. Le citoyen doit apprendre à mieux tirer profit de tout ce qui l'entoure, à maîtriser le potentiel de son environnement immédiat, à transformer la précarité de son environnement en un paradis où il fera bon vivre pour l'Africain d'aujourd'hui et de demain. Ceci est possible car l'Afrique regorge de ressources et de bonnes volontés. Et la révolution numérique nous donne les mêmes armes que les autres, à nous de saisir cette chance historique, pour sortir de la précarité et échanger avec le reste du monde en partenaires plutôt qu'en obligés.

Comme un peu partout dans le monde, en Europe, aux États-Unis, au Canada et dans certains pays arabes, il faut mettre l'économie au service des populations, des « nationaux » et non l'inverse. Nos nationalités africaines que nous négligeons et qui pourtant attirent énormément d'investisseurs à travers le monde (européens, chinois, turcs...), nos ressources minières, forestières, halieutiques, nos services publics doivent être orientées au service du bien-être des populations au lieu d'être bradées à des investisseurs étrangers. À ce niveau, la classe politique dirigeante qui brade les ressources nationales est responsable, de même que le citoyen qui se choisit de tels dirigeants.

L'Afrique est un continent d'avenir où il fait bon vivre et investir. Elle est riche de ses ressources minières, de la jeunesse de sa population, de la force de sa diaspora, de l'hospitalité de ses peuples. Des entreprises africaines se battent au quotidien, pour nous faire croire au rêve de la viabilité et de l'autonomie financière de nos espaces économiques communautaires surtout en Afrique de l'Ouest dans l'espace UEMOA où ce sont des banques à capitaux africains qui se sont le plus illustrées dans le financement des phases 1 et 2 des bonds Covid qui ont mobilisé des obligations d'une valeur cumulée à plus de 2003 milliards de francs CFA[107] en fin août 2020. En effet, les cinq (5) meilleures banques dans ce classement sont respectivement : Coris Bank (763.4 milliards), Banque de Développement du Mali (267.095 milliards), Orabank (196,464 milliards), la Banque Malienne de Solidarité (149 milliards) et Ecobank (140,152 milliards). Elles ont contribué dans ce fonds pour plus de 1 516 milliards sur un total 2003,76 milliards correspondant à environ 75.66 % des souscriptions[108]. Ce classement est révélateur d'une part de la force et de la solidarité des banques de la sous-région et d'autre part de la frilosité au risque local des banques étrangères (françaises et marocaines). D'où l'intérêt d'une part, pour la classe dirigeante africaine de promouvoir et de renforcer l'entrepreneuriat local surtout dans le contexte de la crise sanitaire de la Covid-19 dont l'un des plus grands enseignements est le repli sur soi ou relocalisation ; le principe fondateur de la mondialisation, à savoir la libre circulation des personnes et des biens étant mis en parenthèse. D'autre part, nos entrepreneurs locaux doivent être plus audacieux et conquérants en s'inspirant du modèle

[107] TEAMRichbourse, le 31 août 2020 « Bonscovid : Coris Bank International a sauvé les États de l'UEMOA »

[108]Compilation données BCEAO et intermédiaires du marché – RichBourse 31 août 2020.

des grands groupes d'entreprises africaines en pleine expansion que sont, entre autres : UBA, Oragroup, Corisbank, Dangote, Sonatel.

Donc on peut bel et bien investir en bourse en Afrique, devenir actionnaire des entreprises cotées, profiter de leurs dividendes et plus-values et devenir autonome financièrement. Car il existe des marchés boursiers aux standards internationaux et parmi lesquels la BRVM qui, en plus d'être un marché émergent au potentiel sous-exploité, offre un plateau technique intéressant en termes de réseau et d'accessibilité.

Par conséquent, nos entreprises privées ne doivent pas attendre que les États les contraignent à rejoindre la bourse. Elles doivent, comme les entreprises européennes, asiatiques et américaines, venir animer les marchés financiers africains, financer leur développement comme vient tout récemment de le faire la SONATEL[109], construire avec leurs clients un partenariat riche et fructueux. En effet la bourse leur permet de grandir plus vite et de mieux faire face à la concurrence internationale que les accords de partenariats économiques (APE)[110] et autres politiques de libre échange vont favoriser de plus en plus.

Aujourd'hui, en matière d'investissement en bourse, sachez que l'Afrique n'est pas en reste grâce à l'existence de

---

[109] Emprunt obligataire par appel public à l'épargne pour un montant de 100 000 000 dénommé « Sonatel Bonds 6.50 % 2020 – 2027 ». Prévu du 15 juin au 15 juillet 2020. La clôture a été anticipée le 10 juillet 2020 au regard du succès de l'opération qui a enregistré une souscription de 120 % (Communiqué conjoint Sonatel – Impaxis 10 juillet 2020).

[110] Ce sont des accords commerciaux visant à développer le libre-échange entre l'Union européenne et les pays dits ACP (Afrique, Caraïbe s, Pacifique (Wikipédia)

nombreux marchés financiers à travers tout le continent que sont, entre autres : la Nigerian Stock Exchange, la Ghanaen Stock Exchange, la bourse de Casablanca, la BRVM, pour ne citer que ceux-là. Aujourd'hui, l'Afrique centrale, avec l'aide de la BRVM est en train de créer son marché boursier régional : la bourse des valeurs mobilières de l'Afrique centrale (BVMAC) basée à Douala et qui regroupe : le Cameroun, la République centrafricaine, la République du Congo, la République du Gabon, de la Guinée équatoriale et du Tchad.

C'est maintenant aux États et aux investisseurs privés de développer ces marchés boursiers en y plaçant leur confiance et leurs espoirs afin que ces derniers attirent davantage d'investisseurs nationaux et étrangers et puissent contribuer plus au développement et à la structuration de nos économies.

Alors, devenez des acteurs plutôt que des spectateurs de la finance mondiale. Aux États, aux entreprises et aux particuliers d'apprendre ensemble à devenir des pères riches pour semer les graines de la paix, de la santé, de la sécurité et du bonheur qui feront éclore et émerger la grande Afrique de demain.

Fructueux investissements !

RÉFÉRENCES BIBLIOGRAPHIQUES

Ouvrages

- *Père riche, père pauvre,* Robert Kiyosaki et Sharon Lechter, 1997

- *Père riche, père pauvre,* Robert Kiyosaki, Nouvelle édition, 20e anniversaire, Édition un Monde Différent/ Canada.

- Livre blanc de fricacoin.com octobre 2018

Textes législatifs et réglementaires

- Loi constitutionnelle n° 2016 -10 du 05 avril 2016 portant révision de la constitution de la République du Sénégal.

- Directive n° 02/2010/CM/UEMOA portant harmonisation de la fiscalité applicable aux valeurs mobilières dans les États membres de l'UEMOA

- Règlement général du CREPMF du 28 novembre 1997

- Décision n° CREPMF/2020/034 du 21 février 2020 portant approbation de la modification du règlement général

- Acte uniforme de l'OHADA relatif au droit des sociétés commerciales et du groupement d'intérêt économique

- Avis n° 002 – 2020/BRVM/DG relatif au flottant des sociétés cotées à la BRVM

- Avis n° 36 – 2020/BRVM/DG DU 1er avril 2020 indiquant la composition de l'indice BRVM 10 du 1er trimestre 2020

- Avis n° 38 – 2020 /BRVM/DG du 3 avril 2020 relatif au respect du calendrier de publication des informations par les entreprises cotées

- Avis n° 045 – 2020/BRVM/DG du 14 avril 2020

- Avis n° 112 – 2020/BRVM/DG DU 1er juillet 2020 indiquant la composition de l'indice BRVM 10 du 2e trimestre 2020

- Note d'information BRVM du 20 /09 /2019

Journaux et revues spécialisées

- Jors (Journal officiel de la République du Sénégal), numéro spécial 6926 du 7 avril 2016

- Journal ***Le Monde***, JEAN MICHEL BEZAT, le 06 décembre 2019 : « Saudi Aramco, la plus grosse introduction en Bourse de l'histoire. »

- *Journal **Financial Afrik**,* DANIEL DJAGOUE, le 9 février 2020 « Bourse : voici les lauréats des BRVM AWARDS ».

- *Journal **Jeune Afrique*** « Burkina Faso : Nana Boureima, l'infatigable entrepreneur » 19 juin 2018

- ***SIKA FINANCE***, JEAN MERMOZ KONANDI : « Nigéria : désormais un minimum de 100 000 titres à échanger sur une valeur pour modifier son cours en bourse » le 11 octobre 2019

- ***Le Parisien*,** Citations célèbres

Sites Internet

— Google

— Wikipédia

— Brvm.org

— Richbourse.com

— Richdadcommunity.com

— Boursier.com

— Motleyfoolcanada.com

— Casablancabourse.com

— Mataf.com

— Cafédelabourse.com

— juristconsult.net

— cgfbourse.com

— impaxis-securities.com

— Financialafrik.com

— Richbourse.com

— lecoledelabourse.com

— Sikafinance.com

ANNEXE 1 : Flottant des sociétés cotées à la BRVM

N°	EMETTEURS (SYMBOL)	QUANTITE TOTALE	NOMBRE DE TITRES FLOTTANTS	PART FLOTTANT EN %
1	AIR LIQUIDE (SIVC)	8 734 000	2 438 600	27,92%
2	ALIOS FINANCE CI (SAFC)	8 119 750	2 389 650	29,43%
3	BERNABE (BNBC)	6 624 000	2 313 080	34,92%
4	BICI CI (BICC)	16 666 670	5 148 860	32,51
5	BOA BENIN (BOAB	20 280 524	9 198 126	45,35%
6	BOA BURKIN FASO (BOAF)	22 000 000	6 402 878	29,10%
7	BOA CI (BOAC)	20 000 000	5 525 440	27,63%
8	BOA MALI (BOAM)	15 450 000	3 313 410	21,45%
9	BOA NIGER (BOAN)	13 000 000	5 267 960	40,52
10	BAO SENEGAL (BOAS)	24 000 000	7 571 280	31,55%
11	BOLLORE CI (SDSC)	54 435 300	12 086 450	22,20%
12	CFAO CI (CFAC)	181 371 900	7 473 500	4,12%
13	CIE CI (CIEC)	56 000 000	17 331 480	30,95%
14	CORISBANK BF (CBIF)	32 000 000	12 125 955	37,89%
15	CROWN CIEM (SEMC)	25 189 600	2 623 680	10,42%
16	ECOBANK CI (ECOC)	55 050 600	11 250 000	20,44%
17	ECOBANK ETIT (ETIT)	18 084 106 722	-	33,48%
18	FILTISAC (FTSC)	14 103 740	4 721 580	33,48%
19	MOVIS CI (SVOC)	-	-	Opération en cours
20	NEI CEDA CI (NEIC)	12 765 825	2 296 575	17,99%
21	NESTLE CI (NTLC)	22 070 400	4 222 940	19,13%
22	NSIA BANQUE CI (NSBC)	23 170 000	4 635 113	20%
23	ONATEL BF (ONTBF)	68 000 000	15 640 000	23%
24	ORAGROUP TOGO (ORTG)	69 415 031	13 883 007	20%
25	PALM CI (PALC)	15 459 316	5 085 510	32,90%
26	SAPH CI (SPHC)	25 558 005	6 016 030	23,54%
27	SERVAIR ABIDJAN (ABJC)	10 912 000	2 182 400	20%
28	SETAO CI (TAC)	13 440 000	2 800 000	20,83%
29	SGB CI (SGBC)	31 111 110	13 487 360	43,35%
30	SICABLE CI (CABC)	5 920 000	2 882 800	48,70%
31	SICCOR CI (SICC)	600 000	75 366	12,56%
32	SITAB CI (STBC)	17 955 000	4 838 940	26,95%
33	SMB CI (SMBC)	7 795 200	4 035 248	51,77%
34	SOCIETE IVOIRIENNE DE BANQUE (SIB)	50 000 000	10 000 000	20%
35	SODE CI ()	9 000 000	4 458 080	49,53%
36	SOGB CI (SOGC)	21 601 840	5 797 870	26,84%
37	SOLIBRA CI (SLBC)	1 646 084	306 224	18,60%
38	SONATEL SN (SNTS)	100 000 000	21 889 636	21,89%
39	SUCRIVOIR CI (SCRC)	19 600 000	4 508 000	23%
40	TOTAL CI (TTLC)	62 961 600	17 006 600	27,01%
41	TOTAL SENEGAL (TTLS)	32 577 700	10 053 000	30,86%
42	TRACTAFRIC MOTORS CI (PRSC)	10 240 000	10 240 000	100%
43	TRITURAF (TTRC)			EN LIQUIDATION
44	UNILEVER CI (UNLC)	9 183 400	19 792	0,22%
45	UNIWAX CI (UNXC)	20 750 000	5 750 000	27,71%
46	VIVO ENERGIE CI (SHEC)	63 000 000	17 850 000	28,33%

Source : Avis n° 168 – 2020 /BRVM/DG du 02 octobre 2020

ANNEXE 2 : Liste des sociétés de gestions et d'intermédiation (SGI) au 15 septembre 2020

Ordre	SGI	PAYS	CONTACTS
1	AFRICAINE DE GESTION AGI	BENIN	22 921 318 733
2	AFRICA BOURSE	BENIN	22 921 318 835/36
3	SGI BENIN	BENIN	22 921 311 541/71
4	BIBE FINANCES BFS	BENIN	22 921 324 875/76
5	UNITED CAPITAL FOR AFRICA UCA	BENIN	22 921 310 021
1	CORISBOURSE	**BURKINA FASO**	22 650 331 485
2	SGI SBIF	BURKINA FASO	22 625 330 491/92
1	ATTIJARI SECURITIES WEST AFRICA	**COTE D'IVOIRE**	22 520 219 826/32
2	BOA CAPITAL SECURITIES	COTE D'IVOIRE	22 520 302 122
3	BRIDGES SECURITIES	COTE D'IVOIRE	22 520 307 718
4	SGI ATLANTIQUE FINANCES	COTE D'IVOIRE	22 520 312 121/23
5	SGI BICI BOURSE	COTE D'IVOIRE	22 520 201 668
6	BNI FINANCESS	COTE D'IVOIRE	22 520 310 777
7	SGI CITICORP SECURITIES WEST AFRICA	COTE D'IVOIRE	22 520 209 000/01
8	SGI EDC INVESTMENT CORPORATION	COTE D'IVOIRE	22 520 211 044/46
9	SGI HUDSON & CIE	COTE D'IVOIRE	22 520 315 500
10	SGI MAC AFRICAM	COTE D'IVOIRE	22 522 445 329
11	SGI PHOENIX CAPITAL MANAGEMENT	COTE D'IVOIRE	22 520 257 590
12	SIRIUS CAPITAL	COTE D'IVOIRE	22 520 242 465

13	SOCIÉTÉ GÉNÉRALE CAPITAL SECURITIES WEST AFRICA	COTE D'IVOIRE	22 520 201 265
1	SGI MALI	**MALI**	22 320 294 119
1	SGI NIGER	**NIGER**	22 720 737 818
1	ABCO BOURSE	**SENEGAL**	221 338 226 800
2	EVEREST FINANCE	SÉNÉGAL	221 338 228 700
3	FINANCE GESTION INTERMEDIATION FGI	SENEGAL	221 338 676 042
4	INVICTUS CAPITAL ET FINANCES IGF	SÉNÉGAL	221 338 645 858
5	CGFBOURSE	SENEGAL	221 338 649 797
6	IMPAXIS SECURITIES	SENEGAL	221 338 693 040/4 7
1	SGI TOGO	**TOGO**	22 822 223 145

Source : site BRVM

TABLE DES MATIÈRES

Structures éditoriales du groupe L'Harmattan

L'Harmattan Italie
Via degli Artisti, 15
10124 Torino
harmattan.italia@gmail.com

L'Harmattan Hongrie
Kossuth l. u. 14-16.
1053 Budapest
harmattan@harmattan.hu

L'Harmattan Sénégal
10 VDN en face Mermoz
BP 45034 Dakar-Fann
senharmattan@gmail.com

L'Harmattan Cameroun
TSINGA/FECAFOOT
BP 11486 Yaoundé
inkoukam@gmail.com

L'Harmattan Burkina Faso
Achille Somé – tengnule@hotmail.fr

L'Harmattan Guinée
Almamya, rue KA 028 OKB Agency
BP 3470 Conakry
harmattanguinee@yahoo.fr

L'Harmattan RDC
185, avenue Nyangwe
Commune de Lingwala – Kinshasa
matangilamusadila@yahoo.fr

L'Harmattan Congo
67, boulevard Denis-Sassou-N'Guesso
BP 2874 Brazzaville
harmattan.congo@yahoo.fr

L'Harmattan Mali
ACI 2000 - Immeuble Mgr Jean Marie Cisse
Bureau 10
BP 145 Bamako-Mali
mali@harmattan.fr

L'Harmattan Togo
Djidjole – Lomé
Maison Amela
face EPP BATOME
ddamela@aol.com

L'Harmattan Côte d'Ivoire
Résidence Karl – Cité des Arts
Abidjan-Cocody
03 BP 1588 Abidjan
espace_harmattan.ci@hotmail.fr

Nos librairies en France

Librairie internationale
16, rue des Écoles
75005 Paris
librairie.internationale@harmattan.fr
01 40 46 79 11
www.librairieharmattan.com

Librairie des savoirs
21, rue des Écoles
75005 Paris
librairie.sh@harmattan.fr
01 46 34 13 71
www.librairieharmattansh.com

Librairie Le Lucernaire
53, rue Notre-Dame-des-Champs
75006 Paris
librairie@lucernaire.fr
01 42 22 67 13

www.ingramcontent.com/pod-product-compliance
Lightning Source LLC
LaVergne TN
LVHW010925051026
849532LV00003B/848